STRESS ao
Longo da VIDA

Dados Internacionais de Catalogação na Publicação (CIP)
(Câmara Brasileira do Livro, SP, Brasil)

Lipp, Marilda Emmanuel Novaes
   Stress ao longo da vida / Marilda Emmanuel Novaes Lipp, Lucia Emmanoel Novaes Malagris, Lucio Emmanuel Novais. — São Paulo : Ícone, 2007.

   ISBN 978-85-274-0945-2

   1. Administração do estresse 2. Estresse (Psicologia) I. Malagris, Lucia Emmanuel Novaes. II. Novais, Lucio Emmanuel. III. Título.

07-6654   CDD-155.9042

Índices para catálogo sistemático:

1. Estresse : Psicologia   155.9042

STRESS ao Longo da VIDA

Marilda Emmanuel Novaes Lipp
Lucia Emmanoel Novaes Malagris
Lucio Emmanuel Novais

Ícone editora

© Copyright 2007.
Ícone Editora Ltda.

Capa
Marcos Paulo Novaes Malagris

Diagramação
Andréa Magalhães da Silva

Revisão
Rosa Maria Cury Cardoso

Proibida a reprodução total ou parcial desta obra,
de qualquer forma ou meio eletrônico, mecânico,
inclusive através de processos xerográficos,
sem permissão expressa do editor
(Lei nº 9.610/98).

ÍCONE EDITORA LTDA.
Rua Anhangüera, 56/66
CEP 01135-000 – São Paulo – SP
Tel./Fax.: (11) 3392-7771
www.iconeeditora.com.br
E-mail: iconevendas@iconeeditora.com.br

Certos modos de pensar e de ver o mundo podem estar criando stress nas pessoas e, quase sempre eles passam despercebidos: são nossas fontes internas de stress, a nossa fábrica particular de tensões que a terapia cognitiva comportamental consegue fechar.

Quando o stress está demais, a vida perde o brilho e surge a vontade de fugir de tudo.

Marilda Emmanuel Novaes Lipp formou-se em psicologia pela American University, é mestra em Psicologia e Doutora em Psicologia Clínica pela George Washington University. Possui pós-doutorado em stress social realizado no National Institute of Health, dos EUA.

É professora titular do Programa de Pós-Graduação em Psicologia da PUCCAMP, onde coordena o Laboratório de Estudos Psicofisiológicos do Stress e é Editora Chefe da Revista Estudos de Psicologia. É bolsista de Produtividade do CNPq, Presidente da Associação Brasileira de Stress e Diretora do Instituto de Psicologia e Controle do Stress.

Tem vasta experiência na área de qualidade de vida e do stress e suas implicações tanto aqui como nos Estados Unidos e na Europa. Orientou, até o momento, 58 Teses de Mestrado e Doutorado sobre o stress e é autora de mais de 100 artigos científicos sobre este tópico. É autora/co-autora de 13 livros sobre stress, pioneiros no Brasil. Conduz treinamentos, profere palestras e assessora escolas e algumas das maiores empresas no Brasil nas áreas de stress, produtividade, bem-estar e qualidade de vida.

Lucia Emmanuel Novaes Malagris formou-se em Psicologia pela Universidade Federal do Rio de Janeiro (UFRJ), é Mestra em Psicologia na área do stress pela PUC-Campinas e é Doutora em Fisiopatologia Clínica e Experimental pela Faculdade de Medicina da Universidade Estadual do Rio de Janeiro (UERJ).

É professora adjunta da Graduação e do Programa de Pós-Graduação do Instituto de Psicologia da Universidade Federal do Rio de Janeiro (UFRJ). Foi professora de Psicologia da Universidade do Estado do Rio de Janeiro (UERJ).

É Vice-Presidente da Associação Brasileira de Stress, pesquisadora do Instituto de Psicologia e Controle do Stress e foi co-editora chefe da Revista Brasileira de Terapias Cognitivas.

É autora de artigos científicos e co-autora de livros sobre stress emocional.

Lucio Emmanuel Novais é Psicólogo clínico. Formado em Psicologia pela Universidade Estácio de Sá do Rio de Janeiro.

Possui formação em Psicoterapia Cognitivo-Comportamental e é credenciado para a prática do Treino Psicológico de Controle do Stress pelo Instituto de Psicologia e Controle do Stress de Campinas.

Realiza atendimentos psicoterápicos de abordagem cognitivo-comportamental de adolescentes, adultos e casais.

É responsável pela Unidade Centro do Rio de Janeiro do Centro Psicológico de Controle do Stress onde atua como psicólogo clínico.

É Membro da Associação Brasileira de Stress (ABS).

Palestrante na área do stress, programas antitabagismo e qualidade de vida.

DEDICATÓRIA

Aos nossos filhos e sobrinhos, com carinho, desejando uma vida plena de desafios positivos bem enfrentados.

ÍNDICE

O stress: situando o problema, 17
    O que é o stress emocional?, 19
    Como o stress ocorre?, 20
    O stress é contagiante?, 21
    Que sintomas o stress pode criar?, 22
    Sintomas do stress de acordo com as fases e a gravidade, 23

Stress negativo e positivo: existe stress ideal?, 27

Os stressores da vida: os desafios que encontramos, 33
    Fontes externas de stress, 34
    Fontes internas: o stress pode estar dentro de você, 36
        A doença da pressa, 36
        O pensamento como fonte de stress, 41
        Por que o que pensamos influi nas nossas emoções?, 41

Vulnerabilidade e resiliência ao stress, 43

O stress infantil, 45
    Estressores típicos da infância, 46
    Conseqüências do stress infantil excessivo, 49
        Conseqüências físicas, 49
        Conseqüências psicológicas, 49
    Como lidar com a criança estressada, 49

O stress na adolescência, 53
   Lembre-se: só imponha normas que esteja disposto a fazer cumprir, 57
   Adolescência – orientação para os pais, 57

O stress no adulto, 61
   Stress no adulto mais velho, 65
   O stress masculino e feminino, 67

Como prevenir, 69

Como enfrentar o stress, 73
   Como lidar com o stress do luto, 74
      O que é luto?, 74
      Como o luto afeta a pessoa?, 74
      O que fazer para lidar com o luto?, 75
   Estratégias de enfrentamento do stress, 76
      Estratégias de curto prazo, 76
      Estratégias de longo prazo, 77
         Estratégias pró-ativas, 77
         Estratégias cognitivas, 78
         Estratégias de aceitação, 78
         Estratégias emocionais, 78

Medidas coadjuvantes para o controle do stress, 79
   Exercício físico: uma das medidas principais para o alívio do stress, 79
      Por que fazer exercício físico regular?, 80
      Como garantir os benefícios da prática do exercício físico?, 82
   A importância da alimentação no controle do stress, 84
      Vitaminas do complexo B, 86
      Vitamina C, 86
      Cálcio, 88
      Magnésio, 90
      Ferro, 92
   O relaxamento e a respiração profunda: um importante pilar no controle do stress, 94
      Como produzir uma atitude favorável para o relaxamento, 96
      Técnicas de relaxamento, 97
         Relaxamento muscular progressivo (RMP), 97
         Visualização, 101
         Respiração profunda, 103

Para finalizar, 107

Leia mais sobre o stress, 111

O STRESS: SITUANDO O PROBLEMA

O STRESS COMEÇA A OCORRER antes mesmo do nascimento e continua presente em todas as etapas da vida. Não há como dele fugir, porém é absolutamente essencial que se aprenda estratégias de manejo para poder se evitar seus efeitos negativos.

Ele é o mecanismo de sobrevivência mais útil que qualquer organismo pode ter. É ele que nos dá força e vigor para enfrentar os desafios. Mas é ele também que pode se exceder, quando não bem gerenciado, podendo causar tanto dano ao funcionamento físico e emocional da pessoa. Como um tempero ou um perfume, há que saber dosar sua presença.

Existem algumas idéias que foram construídas sobre o stress que necessitam ser atualizadas, pois as pesquisas, hoje em dia, já mostram com mais clareza o que de fato é o stress emocional, quais são suas conseqüências e que práticas facilitam o seu controle.

Por exemplo, hoje em dia, já se sabe que não é possível ou desejável evitar o stress completamente. O ser humano necessita da adrenalina e das reações geradas pelo stress, em doses moderadas, para se sentir revigorado, motivado e competente. A total ausência do stress seria, na verdade, o nada ... a morte.

A procura pelos filmes de terror e brinquedos nos parques de diversão que envolvem a produção de adrenalina são exemplos de como a pessoa tende a procurar um pouco de stress para tornar o seu dia a dia mais excitante. O filme de terror, a montanha russa oferecem uma certa dose de stress sob medida, trata-se de uma tensão que trás certa segurança, pois ela tem um fim e uma intensidade previstos. É o stress sob controle. O stress não é sempre ruim.

Pensava-se antigamente que o stress era um fenômeno que só os mais favorecidos poderiam ter. Hoje sabemos que a riqueza não está relacionada com stress. O corpo não sabe se a pessoa pertence a uma classe econômica ou outra; o corpo do abastado reage do mesmo modo como o do menos favorecido nas suas reações mais básicas, portanto qualquer pessoa pode desenvolver stress quando confrontado com situações desafiadoras. Sabe-se também que o stress pode afetar crianças, adolescentes e adultos de qualquer faixa etária. A diferença está basicamente ligada ao que produz stress, ao estressor, criança se estressa devido a certos fatores, adultos devido a outros.

Há também, ainda hoje, pessoas que pensam que o stress é causado por sobrecarga de trabalho. Não, necessariamente. Sem dúvida, é preciso que a pessoa conheça seus limites e pare de trabalhar antes de ultrapassá-los, porém, não é só o trabalhar muito que cria stress. Em geral, muitos outros fatores, no ambiente de trabalho, se somam para criarem stress emocional no trabalhador, como má chefia, condições físicas ruins, salários inadequados e falta de treinamento do funcionário.

Hoje em dia, com o acesso às informações pela internet e com toda a atenção que a imprensa dá ao assunto, muitas pessoas acham que já sabem o que é o stress. Com base muitas vezes em meias-verdades, constroem um conhecimento parcial e isto pode levar a duas atitudes que surgem com freqüência. Uma delas é a de achar que se todo mundo tem stress, então, nada há a fazer, devendo-se simplesmente deixar acontecer. A outra é a de um medo desmedido quanto aos seus efeitos que leva à crença de que se a pessoa tem stress nunca voltará a ser o que era. Ambas as posturas podem ser desastrosas. A primeira porque leva ao descuido, à omissão de tratamento tanto de crianças e adolescentes, como de adultos estressados, o que pode dar a oportunidade de doenças de todo tipo serem desenvolvidas. Stress existe sim, não pode ser completamente evitado, mas precisa ser gerenciado, controlado e usado para benefício próprio. Ignorá-lo é arriscar possíveis graves conseqüências, desde um resfriado passageiro até problemas cardíacos, câncer, problemas dermatológicos ou gastrintestinais.

A outra postura frente ao stress, também inadequada, é a do medo excessivo. É preciso saber que o stress pode sempre ser dominado, controlado e mantido sob controle. Existem tratamentos muito especializados para isto, como o desenvolvido no Instituto de Psicologia e Controle do Stress que é realizado em 15 sessões semanais. Há que se entender, no entanto, que, em certos casos, algumas doenças que têm o stress como um dos fatores associados, não desapareçam completamente quando o stress emocional é findo. Há doenças que uma vez desenvolvidas ganham o que chamamos de autonomia funcional, elas continuam a existir mesmo após o que lhe deu origem ser resolvido, como, por exemplo, a hipertensão arterial, úlceras, lúpus, psoríase, entre outras. A pele, como fronteira entre o mundo externo e interno, tem a função geral de proteção e comunicação emocional entre as pessoas. Por um lado, ela recebe e sente as influências que vêm de fora; por outro lado, ela é um órgão de expressão emocional; por exemplo, ficamos vermelhos de raiva ou de vergonha e pálidos diante de algo que nos assusta. Assim, é fácil entender como a pele pode expressar um conflito, quando a pessoa não encontra uma solução real diante de uma situação problemática. Provavelmente por isto é que uma queixa comum no paciente estressado é na área dermatológica.

O stress não precisa ser temido, porém de modo algum deve ser ignorado, pois quando mal cuidado pode dar origem a uma série de sintomas. De início o corpo dá sinais de que algo está errado, por exemplo, surge a azia, a tensão muscular, a irritabilidade excessiva, resfriados e pequenos problemas de pele. Queda de cabelos, sensação de cansaço ao acordar e dificuldades com a memória são sinais de que a condição da pessoa está piorando. Se a situação geradora de stress persistir, a dificuldade com a memória e o cansaço constante dão lugar a inúmeras doenças, como gripes, herpes, úlceras, hipertensão arterial, depressão, ansiedade etc. É bom lembrar que o stress não "causa" estas doenças, mas sim propicia o seu desenvolvimento porque enfraquece o organismo e reduz sua resistência. Além de afetar a saúde, é importante saber como os efeitos do stress interferem com a nossa qualidade de vida e habilidade de ser feliz.

O que é o stress emocional?

Stress é uma reação que temos frente a algo, bom ou mau, que nos obrigue a fazer um esforço, maior do que o usual, para nos adaptarmos ao que está acontecendo, seja no mundo lá fora, seja em nossa mente. Pode também ser definido como um estado de tensão mental e físico que produz um desequilíbrio no funcionamento global do ser humano e enfraquece seu sistema imunológico, deixando-o sujeito a infecções e doenças. O stress resulta de uma interação entre a pessoa e o mundo em que ela vive, pois o modo como ela percebe e interpreta o seu ambiente é, muitas vezes, o fator preponderante para determinar que reação ela terá. Poucos eventos da vida, como morte, doença e perdas significativas, são estressantes para todos igualmente e o nível de desconforto que cada acontecimento é capaz de gerar depende das características de personalidade de cada um.

Como o stress ocorre?

É fácil reconhecer o stress no semblante fechado, mal humor, impaciência, nas gripes constantes, na apatia e falta de energia. Isto já lhe deve ter acontecido várias vezes. Mas já parou para pensar que lá dentro de você, nestas horas de stress, há também uma série de mudanças que estão ocorrendo e que podem, no futuro, ter um efeito muito negativo em sua vida? Vamos ver como isto ocorre.

A reação de stress do homem moderno, ainda mantém várias características dos nossos antepassados da caverna. Seu organismo ainda reage ao stress de um modo físico, como antigamente. O homem da caverna tinha o coração acelerado na hora de enfrentar o tigre de dente de sabre porque ele precisava fazer circular mais sangue nas pernas e braços para que ficassem mais fortes, e ele pudesse lutar ou fugir. Ele encolhia os ombros escondendo a jugular com medo que a fera pulasse em seu pescoço e o matasse. Hoje, ainda, quando a pessoa percebe uma ameaça, perigo ou se sente desafiada, seu organismo imediatamente se prepara para agir ou lutando ou fugindo da situação. Para tanto, ocorrem várias modificações fisiológicas que são sinais de bom funcionamento orgânico em seu preparo para proteção. Uma das primeiras providências do organismo, por exemplo, é tirar todo sangue da periferia do seu corpo e juntá-lo mais no interior. Com isto ele garante que se por acaso na "luta" você for ferido não perderá muito sangue. Nestes momentos você poderá ficar pálido e sentir as mãos e os pés frios. Além disso, você precisará de mais energia, ou de mais sangue circulando no seu corpo, por isto seu coração bate mais rápido e sua respiração começa a ficar mais rápida também. Outras atividades do seu organismo que não estejam ligadas à sobrevivência imediata podem ficar lentas momentaneamente, como por exemplo, a digestão. Seu organismo vai ainda preparar seus músculos para ação, retesando-os bastante e causando talvez tremores, dores musculares, dores de cabeça, aperto no peito, dificuldades para respirar, e tonturas. Algumas glândulas também começam a trabalhar mais, por exemplo, podemos começar a suar bastante. Todo corpo fica em "estado de alerta", o equilíbrio interno é abalado e a pessoa tem que fazer um esforço para restabelecer o equilíbrio biológico necessário à vida. Tal equilíbrio ocorre através de um processo de adaptação que desgasta ou estressa o organismo, pois utiliza energia adaptativa. Toda vez que o organismo sofre um desequilíbrio interno, seja devido ao preparo para a luta ou por outra razão, a pessoa tenta automaticamente recuperá-lo através de uma adaptação. Sempre que isso ocorre, a energia adaptativa é utilizada. A energia adaptativa de cada pessoa é limitada; por isto é que quando o desequilíbrio é crônico ou intenso e grande parte da energia adaptativa da pessoa é utilizada, um desgaste físico e/ou mental ocorre gerando envelhecimento precoce, uma série de doenças e até a morte. Em momentos de stress, uma parte do seu cérebro que se chama hipotálamo se comunica com a hipófise que manda uma mensagem para as glândulas adrenais produzirem adrenalina e cortisol. Essas substâncias são muito úteis para protegerem o seu organismo, a adrenalina dá força para enfrentar o estressor, como é chamado tudo o que causa stress. O cortisol também ajuda no combate a danos causados no corpo. O preocupante é que esses hormônios passam a causar problemas, quando são produzidos em excesso, pois, em níveis altos, em vez de ajudarem a pessoa a se recuperar do stress, passam a causar danos. É por isto que não podemos deixar a tensão passar do ponto certo. O ser humano fica apático, sem energia, se não tiver um certo número de desafios em sua vida, porém se eles forem muito impactantes, a tensão torna-se excessiva e sua resistência enfraquece. Alguns desafios são importantes de se ter na vida. Uma boa medida é pensar que cada problema que temos pode ser chamado de um leão. Se tentarmos lutar contra vários leões ao mesmo tempo certamente perderemos a luta, mas se trancarmos os leões todos em uma jaula e deixarmos só um sair de cada vez a chance de vencermos é bem maior. Quase todos os nossos problemas poderão ser vencidos se conseguirmos trancafiá-los em uma jaula, como os leões, e tentarmos resolver um de cada vez.

O stress é contagiante?

Embora o stress em si não seja contagioso no sentido de um vírus, ele acaba passando de pessoa para pessoa, pois quem está estressado fica irritado, nervoso e acaba levando as pessoas ao redor a ficarem assim também. Deste modo, um empresário ou executivo que hoje em dia anda sempre estressado devido a situação do país, sem querer cria também stress para a esposa e os filhos. Por outro lado, quando alguém na família está estressado, todos na família ficam tensos. Por isto é importante quando a pessoa está com sinais de stress procurar ajuda especializada a fim de pôr um ponto final no seu stress e não levar a família ou os colegas de trabalho a um estado desnecessário de tensão.

Que sintomas o stress pode criar?

Os sintomas que surgem dependem do nível de gravidade do estado em que o indivíduo se encontre, que pode ser diagnosticado com o uso de um teste psicológico chamado Inventário de Sintomas de Stress de Lipp. Este teste permite identificar se a pessoa tem stress, qual a gravidade do problema e se a vulnerabilidade presente se manifesta mais na área física ou psicológica. A gravidade dos sintomas depende da fase do stress em que a pessoa se encontre. É importante entender este processo. O stress se desenvolve em quatro fases. Inicialmente a pessoa entra em stress pela fase de alerta. Este é o stress positivo, onde produzimos adrenalina e ficamos cheios de energia e vigor, prontos para varar a noite se necessário, prontos para despender grande quantidade de energia se tivermos que lidar com uma emergência. Durante esta fase podemos também sentir tensão ou dor muscular, azia, problemas de pele, irritabilidade sem causa aparente, nervosismo, sensibilidade excessiva, ansiedade e inquietação. Caso o que nos gera tensão desapareça, saímos do processo de stress sem seqüelas, porém se o estressor continua ou se algo mais acontece para nos desafiar, pode-se entrar no estágio de resistência, que significa justamente a tentativa de resistir ao stress. Nesta fase dois sintomas mais importantes surgem: dificuldades com a memória e muito cansaço. Se nosso esforço for suficiente para lidar com a situação, o stress é eliminado e saímos, assim, do seu processo.

O problema maior começa a ocorrer quando não conseguimos resistir ou nos adaptarmos, nosso organismo começa a sofrer um colapso gradual. Entramos na fase de quase exaustão. Nesta fase muitas vezes precisa-se de ajuda tanto médica para tratar o problema físico que já surgiu, como psicológica, para aprender a lidar com a causa do seu stress.

Poucas pessoas chegam à última fase, que é chamada de "exaustão" para mostrar que o organismo já se encontra depauperado. Doenças graves podem ocorrer e a recuperação sem a ajuda de um especialista é muito difícil. A pessoa não consegue mais se concentrar, pensar direito, rir, ter gosto pela vida, entra em depressão e várias doenças físicas graves aparecem, pois quando o stress é prolongado, ele afeta diretamente o sistema imunológico, reduzindo a resistência da pessoa, tornando-a vulnerável ao desenvolvimento de infecções e doenças contagiosas. Devido ao enfraquecimento do organismo doenças que permaneciam latentes podem ser desencadeadas.

Sintomas do stress de acordo com as fases e a gravidade

Cada etapa do stress possui características próprias. Alguns sintomas de stress são fáceis de serem identificados, como mãos suadas, respiração rápida, "batedeira" do coração, acidez do estômago, falta de apetite ou dor de cabeça. Outros são sutis e a pessoa às vezes nem se apercebe deles. Entre estes sintomas ou sinais se encontra o desinteresse por quaisquer atividades não diretamente relacionadas com a causa do stress, do modo que a pessoa se desliga dos outros. O relacionamento entre esta pessoa e as outras se torna difícil, e ela começa a se sentir distante dos outros emocionalmente. Outro sintoma muito comum pode ser uma sensação de estar doente, sem que realmente haja qualquer distúrbio físico. Não é só a saúde que é afetada, mas todo o organismo fica comprometido. Os Quadros 1-4 mostram alguns sintomas que as pessoas têm relatado quando se encontram em cada fase do stress. Confira se você tem experimentado as dificuldades listadas. Claro que um diagnóstico de stress deve ser feito por um psicólogo especializado, porém, você pode ter uma noção geral do seu estado, verificando se tem experimentado o descrito para cada fase do stress. Caso verifique que se parece com quem tem os problemas dos dois quadros mais avançados, pense na possibilidade de procurar um profissional que possa fazer uma avaliação precisa do seu estado e tratar o seu stress.

Quadro 1. Dificuldades relatadas por pessoas que se encontravam na Fase de Alerta do stress

É a fase positiva do stress, quando o ser humano automaticamente se prepara para a ação. É caracterizada pela produção e ação da adrenalina que torna a pessoa mais atenta, mais forte e mais motivada.

Sono: dificuldade em dormir muito acentuada devido a adrenalina.

Sexo: libido (vontade de ter sexo) alta, muita energia. O sexo ajuda a relaxar.

Trabalho: grande produtividade e criatividade, pode varar a noite sem dificuldade.

Corpo: tenso, músculos retesados, no início da fase aparece a taquicardia (coração disparado), sudorese, sem fome e sem sono, mandíbula tensa, respiração mais ofegante do que o normal. No todo, o organismo reage em uma perfeita união entre mente e corpo. A tensão do corpo encontra correspondência na mente.

Humor: eufórico. Pode ter grande irritabilidade devido à tensão física e mental experimentada.

Quadro 2. **Dificuldades relatadas por pessoas que se encontravam na Fase de Resistência do stress**

Se a fase de alerta é mantida por períodos muito prolongados ou se novos estressores se acumulam, o organismo entra em ação para impedir o desgaste total de energia, entrando na fase de resistência, quando se resiste aos estressores e se tenta, inconscientemente, restabelecer o equilíbrio interior (chamado de homeostase), que foi quebrado na fase de alerta. A produtividade cai dramaticamente. Caracteriza-se pela produção de cortisol. A vulnerabilidade da pessoa a vírus e bactérias se acentua.

Sono: normalizado.

Sexo: libido (vontade de ter sexo) começa a baixar, pouca energia. O sexo não apresenta interesse.

Trabalho: a produtividade e criatividade voltam ao usual, mas as vezes não consegue ter novas idéias.

Corpo: cansado, mesmo tendo dormido bem. O esforço de resistir ao stress se manifesta em uma certa sensação de cansaço. A memória começa a falhar. Mesmo não estando com alguma doença, ainda, o organismo se sente "doente".

Humor: cansado, só se preocupa com a fonte de seu stress. Repete o mesmo assunto, se torna tedioso.

Quadro 3. **Dificuldades relatadas por pessoas que se encontravam na Fase de Quase Exaustão do stress**

Quando a tensão excede o limite do gerenciável, a resistência física e emocional começa a se quebrar, ainda há momentos em que a pessoa consegue pensar lucidamente, tomar decisões, rir de piadas e trabalhar, porém tudo isto é feito com esforço e estes momentos de funcionamento normal se intercalam com momentos de total desconforto. Há muita ansiedade nesta fase. A pessoa experimenta uma gangorra emocional. O cortisol é produzido em maior quantidade e começa a ter o efeito negativo de destruir as defesas imunológicas. Doenças começam a surgir.

Sono: insônia, acorda muito cedo e não consegue voltar a dormir.

continua...

continuação do quadro 3

Sexo: libido (vontade de ter sexo) quase desaparece, a energia para sexo está sendo usada na luta contra o stress e a pessoa perde o interesse.

Trabalho: a produtividade e criatividade caem dramaticamente, consegue somente dar conta da rotina, mas não cria nem tem idéias originais.

Corpo: cansado e uma sensação de desgaste aparece. A memória é muito afetada e a pessoa esquece fatos corriqueiros, até seu próprio telefone. Doenças começam a surgir. As mulheres podem apresentar dificuldades na área ginecológica. Todo o organismo se sente mal. Ansiedade passa a ser sentida quase que todo dia.

Humor: a vida começa a perder o brilho, não acha graça nas coisas, não quer socializar, não sente vontade de aceitar convites ou de convidar. Considera tudo muito sem graça e as pessoas tediosas.

QUADRO 4. Dificuldades relatadas por pessoas que se encontravam na Fase de Exaustão do stress

É a fase mais negativa do stress, a patológica. É o momento em que um desequilíbrio interior muito grande ocorre. A pessoa entra em depressão, não consegue concentrar ou trabalhar. Suas decisões muitas vezes são impensadas. Doenças graves podem ocorrer, como úlceras, pressão alta, psoríase, vitiligo.

Sono: dorme pouco, acorda cedíssimo, não se sente revigorado pelo sono.

Sexo: libido (vontade de ter sexo) desaparece quase que completamente.

Trabalho: não consegue mais trabalhar como normalmente, não produz, não consegue concentrar nem decidir. O trabalho perde o interesse.

Corpo: desgastado e cansado. Doenças graves podem ocorrer como depressão, úlceras, pressão alta, diabetes, enfarte, psoríase etc. Não há mais como resistir ao stress, a batalha foi perdida. A pessoa necessita de ajuda médica e psicológica para se recuperar. Em casos mais graves pode ocorrer a morte.

Humor: não socializa, foge dos amigos, não vai a festa, perde o senso de humor, fica apático. Muitas pessoas têm vontade de morrer.

Stress negativo e positivo: existe stress ideal?

Como o stress não pode ser completamente eliminado de nossas vidas, temos mesmo é que aprender a mantê-lo sob controle. É preciso saber a diferença entre o stress bom e ruim.

Stress negativo: é o stress em excesso. Ocorre quando a pessoa ultrapassa seus limites e esgota sua capacidade de adaptação. O organismo fica destituído de nutrientes e a energia mental fica reduzida. Produtividade e capacidade de trabalho ficam muito prejudicadas. A qualidade de vida sofre danos. Posteriormente a pessoa pode vir a adoecer.

Stress positivo: é o stress em sua fase inicial, a do alerta. O organismo produz adrenalina que dá ânimo, vigor e energia fazendo a pessoa produzir mais e ser mais criativa. Ela pode passar por períodos em que dormir e descansar passa a não ter tanta importância. É a fase da produtividade, como se a pessoa estivesse de **alerta**. Ninguém consegue ficar em alerta por muito tempo pois o stress se transforma em excessivo quando dura demais.

Stress ideal: ocorre quando a pessoa aprende o manejo do stress e gerencia a fase de alerta de modo eficiente, alternando entre estar em alerta e sair de alerta. O organismo precisa entrar em equilíbrio após uma permanência em alerta para que se recupere. Após a recuperação não há dano em entrar de novo em alerta. Se não há um período de recuperação, então, doenças começam a ocorrer pois o organismo se exaure e o stress fica excessivo. O stress pode se tornar excessivo porque o evento estressor é forte demais ou porque se prolonga por tempo muito longo.

Às vezes a pessoa sente que está estressada mas não sabe dizer se aquilo que está sentindo é normal, se é algo que todo mundo sente ou se o stress está realmente demais. Freqüentemente a pessoa muito ocupada não presta muita atenção aos sinais que seu próprio corpo fornece. Acredite, o corpo e os nossos sentimentos falam, nós é que às vezes nos recusamos a ouvi-los porque estamos mais voltadas para atender e cuidar dos outros. Por isto é que aprender a nos proteger do stress excessivo é bem mais complicado do que se poderia pensar.

Toda pessoa está sujeita a não se sentir totalmente bem um dia ou outro. Uma dor de estômago, um momento de irritabilidade não significam que se está estressado. No entanto, quando os sintomas se somam e atingem certa freqüência, o quadro de stress pode estar presente. Compare o que sente com a lista de sintomas identificados em pessoas com stress do Quadro 4, mas lembre-se cada um desses sintomas pode também significar a presença de outros problemas. É a somatória dos sintomas que torna possível identificar se a pessoa tem stress. É claro que o diagnóstico do stress só pode ser realizado por um psicólogo especializado na área, mas a lista de sintomas a seguir pode ajudá-lo a ter uma noção quanto a se há stress demais em sua vida. O corpo fala, aprenda a reconhecer a linguagem do seu corpo e se tiver stress há tratamentos especializados para isto que podem ajudá-lo a se recuperar e aprender a lidar com as tensões da vida.

Se você está em dúvidas quanto a se tem ou não stress e gostaria de se avaliar neste aspecto, verifique se o que sente se parece com os sintomas relatados por pessoas estressadas assinalando os sintomas descritos no Quadro 5.

Quadro 5. Assinale se você tem tido os sinais de stress abaixo e indique a freqüência

Quantas vezes na **última semana** você sentiu:

1. Que a tensão muscular na nuca o incomodava e que o pescoço estava rígido?
   Sim ——   Quantas vezes ————

2. Tão irritado que teve o impulso de ser indelicado ou rude com as outras pessoas por pouca provocação?
   Sim ——   Quantas vezes ————

3. Lapsos de memória de pequenas coisas?
   Sim ——   Quantas vezes ————

4. Sensação de incompetência ou de que não conseguiria lidar com as exigências do presente?
   Sim ——   Quantas vezes ————

5. Cansaço de manhã como se o corpo estivesse pedindo "cama"?
   Sim ——   Quantas vezes ————

6. Que estava repetindo coisas que já dissera ou pensando repetidamente no mesmo assunto, sem desligar?
   Sim ——   Quantas vezes ————

7. Sensação de ansiedade, um receio vago, uma inquietude interior?
   Sim ——   Quantas vezes ————

8. Que estava trabalhando em um nível de competência abaixo do seu normal?
   Sim ——   Quantas vezes ————

9. Que mesmo se alimentando de modo adequado, o estômago ardia com acidez?
   Sim ——   Quantas vezes ————

10. Teve vontade de sumir de tudo?
    Sim ——   Quantas vezes ————

11. Sentir que nada mais vale a pena?
    Sim ——   Quantas vezes ————

12. Distúrbio do sono, ou dormir demais ou de menos?
    Sim ——   Quantas vezes ————

Some o número de itens para os quais deu freqüência **4 ou mais**.

Se não assinalou nenhum
Parabéns, seu corpo está em pleno funcionamento.

Se deu nota 4 ou maior a no máximo 3 itens:
A vida pode estar um pouco estressante para você. Avalie o que está ocorrendo. Veja o que está exigindo demais de sua resistência. Pode ser o mundo lá fora, pode ser você mesmo. Fortaleça o seu organismo. Utilize técnicas de relaxamento, como prevenção dos possíveis efeitos negativos do stress para reduzir a tensão mental e física que está sentindo.

Se assinalou de 4 a 8 itens com notas acima de 4:
Seu nível de stress se assemelha ao das pessoas diagnosticadas com stress alto, talvez esteja exigindo demais do seu organismo. Pode estar chegando no seu limite. Considere uma mudança de estilo de vida e de hábitos. Analise em que seu próprio modo de ser pode estar contribuindo para a tensão que está sentindo. Utilize técnicas de relaxamento para reduzir a tensão mental e física que está sentindo. Aumente o consumo de frutas e verduras e procure fazer exercício físico três vezes por semana por 30 minutos.

Se deu nota 4 ou maior a mais de 8 itens:
Seu nível de stress se assemelha ao das pessoas diagnosticadas com stress altíssimo. Cuidado! Seria bom procurar a ajuda de um psicólogo especializado em stress. Sem dúvida, você tem fontes de stress representadas pelo mundo ao seu redor (pode ser família, ocupação, sociedade etc.) e fontes internas (seu modo de pensar, de sentir, de ser) com as quais precisa aprender a lidar. Aumente o consumo de frutas e verduras e procure fazer exercício físico três vezes por semana por 30 minutos. Além da procura de um psicólogo que o ajudará a lidar com os eventos estressores de sua vida, é necessário dar atenção às manifestações físicas que está sentindo e procurar um médico especialista na área prejudicada. Como os sintomas de stress não são só de um tipo, muitas vezes ao procurar um médico, a pessoa deixa de mencionar os sintomas que julga pertencerem a outra especialidade. Por exemplo, quantas pessoas lembrariam de dizer ao cardiologista que estão com urticária ou diarréia? Por outro lado, o especialista de uma área freqüentemente não faz uma avaliação de sintomas de áreas médicas aparentemente independentes da sua. Quantas pessoas sabem, por exemplo, que o excesso de cáries, as aftas freqüentes e problemas de gengiva

podem ser relacionados ao stress? Por isto quando for ao médico não deixe de mencionar todos os sintomas que estiver sentindo para que ele possa fazer uma avaliação completa de sua condição. É, na verdade, comum, que o stress não seja diagnosticado e que o mal se agrave com o passar o tempo e falta de tratamento adequado.

Se você acredita estar estressado, além desses cuidados mencionados acima tente não se preocupar com as pequenas coisas... tudo são pequenas coisas. Às vezes, não é o acontecimento em si que causa stress, mas o modo como nós o interpretamos. As idéias negativas promovem emoções desagradáveis e acabam favorecendo um desequilíbrio interior. A experiência clínica mostra que as pessoas podem escolher as emoções que vão sentir por meio do controle do pensamento. O otimista pensa que seus sonhos se realizarão, o pessimista pensa que os pesadelos serão realizados. Pensar de modo otimista e positivo faz tudo parecer mais leve.

Os estressores da vida: os desafiios que encontramos

NADA DE ORIGINAL É RECONHECER que a vida é cheia de desafios para todos. Cada um no seu estilo de vida, no seu mundo pessoal, independente da classe socioeconômica, no nível intelectual, no local onde mora, terá sempre que enfrentar situações das mais variadas que vão exigir uma adaptação. Há algum tempo quando fiz um ciclo de palestras para fazendeiros fiquei impressionada como o nível de stress pode ser alto até mesmo nas regiões agrícolas, onde se imaginaria que a tranqüilidade reinasse. Há stress sim no campo, nas cidades, nas favelas e nas áreas nobres das cidades, nas escolas públicas e particulares. Em todos os locais e em todas as classes o stress pode estar presente. O que varia nessas situações é o tipo de fato ou evento que cria stress para cada um. No campo, o estressor é de natureza diferente daquele do centro de São Paulo ou do Rio de Janeiro, ou ainda em uma cidade do Norte ou do Nordeste, mas cada um deles pode afetar o homem de modo contundente quando sua intensidade ou freqüência ultrapassa a força da resistência da pessoa. Chamamos de estressor todo evento ou condição capaz de gerar um estado de tensão. Quando se fala de desafios, não se deve esquecer que acontecimentos de valor positivo podem também gerar stress, pois exigem também uma adaptação. Toda a adaptação envolve o processo do stress e o gasto de energia adaptativa para que se possa restabelecer um equilíbrio mental e físico. Ninguém consegue viver permanentemente, por exemplo, em êxtase, ou em alegria perene, ou em paixão constante. Esses estados emocionais, embora necessários e desejados, não podem se constituir no *modus vivendi* de cada um. Há que se ter momentos em que as emoções se aquietem para que a pessoa possa descansar e se recuperar da excitabilidade que os desafios trazem.

Alguns estressores são facilmente reconhecidos porque se situam no mundo ao nosso redor. Podem ser constituídos de relações mal resolvidas, perdas (sentimentais, de emprego, de dinheiro, de prestígio etc.), dificuldades financeiras, excesso de trabalho, expectativas da sociedade, preconceitos, tratamento desigual, responsabilidades em excesso, mas também podem partir de dentro do ser humano. Neste caso são chamados de fontes internas e podem ser representados pelas idéias preconcebidas que temos, o perfeccionismo, o pessimismo, conflito sobre papéis, ciúmes e muitas outras.

Fontes externas de stress

Há anos atrás dois pesquisadores americanos, Dr. Holmes e Dr. Rahe, concluíram que quando uma pessoa enfrenta um desafio (bom ou mau) um certo esforço precisa ser colocado em ação a fim de que ela possa se adaptar. Por exemplo, se a pessoa passa por qualquer uma das experiências que envolvam mudança, como mudar para uma casa nova, ganhar na loteria, contrair matrimônio, ter um bebê, perder emprego ou um ente querido, ser seqüestrado etc., ela vai precisar gastar energia adaptativa a fim de poder fazer face ao que se passa e continuar tendo uma vida normal. Se ela possui, dentro de si, a quantidade de energia necessária para lidar com o evento, o processo de stress termina, sem dano para o organismo. Há determinados eventos que causam mais stress do que outros, dependendo da sua importância para quem o vivencia. Quando, no entanto, em um período de 12 meses, a pessoa gasta mais energia adaptativa do que tem, o processo de stress se agrava. Nestes casos, o sistema imunológico fica prejudicado e doenças psicofisiológicas podem ocorrer. Dr. Holmes e Dr. Rahe elaboraram uma escala, traduzida a seguir, que permite avaliar a probabilidade de doenças ocorrerem em virtude da quantidade de energia adaptativa usada durante o último ano para lidar com vários eventos de importância que possam ter ocorrido. Esta maneira de ver o stress permite entender porque às vezes, mesmo nada de especial estando ocorrendo, no momento, a pessoa se sente estressada, uma vez que ela pode estar sofrendo o efeito cumulativo de vários eventos do último ano. Faça o teste constante do Quadro 6 para avaliar como está o seu nível de stress devido às causas externas e verifique a probabilidade de doenças serem desencadeadas pelo stress. Lembre-se, no entanto, que as pessoas diferem na sua sensibilidade ao stress, dependendo da vulnerabilidade que possuem e das estratégias de enfrentamento que sabem usar, portanto, a probabilidade de doenças ocorrerem nunca será 100%, há sempre a possibilidade de se lidar com os estressores da vida de modo mais tranqüilo e é justamente por isto que se recomenda que todos aprendam estratégias de enfrentamento.

Quadro 6. Mudanças na vida que podem produzir stress
Escala de Reajustamento Social, traduzida de Holmes e Rahe (1967)

Assinale o que ocorreu em sua vida nos últimos 12 meses
1. Morte do cônjuge (100)
2. Divórcio (73)
3. Separação do casal (65)
4. Prisão (63)
5. Morte de alguém da família (63)
6. Acidente ou doenças (53)
7. Casamento próprio (50)
8. Perda do emprego (47)
9. Reconciliação com o cônjuge (45)
10. Aposentadoria (45)
11. Doença de alguém da família (43)
12. Gravidez (40)
13. Dificuldades sexuais (39)
14. Nascimento de uma criança na família (39)
15. Mudança no trabalho
 (ex. você despediu alguém, aumentou seu negócio) (39)
16. Mudança na sua condição financeira (38)
17. Morte de amigo íntimo (37)
18. Mudança na linha de trabalho (36)
19. Mudança na freqüência de brigas com o cônjuge (35)
20. Compra de casa de valor alto (31)
21. Término de pagamento de empréstimo (30)
22. Mudança de responsabilidades no trabalho (29)
23. Saída de filho(a) de casa (29)
24. Dificuldade com a polícia (29)
25. Reconhecimento de feito profissional de realce (28)
26. Cônjuge começou ou parou de trabalhar (26)
27. Começo ou abandono dos estudos (26)
28. Acréscimo ou diminuição de pessoas morando em casa (25)
29. Mudança de hábitos pessoais (ex. parar de fumar) (24)
30. Dificuldades com o chefe (23)
31. Mudança no horário de trabalho (20)
32. Mudança de residência (20)
33. Mudança de escola (20)
34. Mudança de atividades recreativas (19)
35. Mudança de atividade religiosa (19)
36. Mudança de atividade social (18)
37. Compra a crédito de valor médio (17)
38. Mudança nos hábitos de dormir (16)
39. Mudança na freqüência de reuniões familiares (13)
40. Mudança de hábitos de alimentação (15)
41. Férias que envolvam viagem (13)
42. Natal comemorado com muitas pessoas (12)
43. Recebimento de multas ao cometer pequenas infrações (11)

Uma soma de pontos de mais de 300: indica que a pessoa nos últimos 12 meses precisou investir uma quantidade excessiva de energia adaptativa e que, portanto, existe uma chance de 79% de uma doença surgir, em breve.

Uma soma entre 299 e 151 pontos: é considerada moderada (51%).

Uma soma abaixo de 151 pontos: indica que a possibilidade de ficar doente devido ao stress, oriundo de fontes externas, é pequena.

Fontes internas: o stress pode estar dentro de você

Os estressores externos criam tensão emocional devido à necessidade de se ter que lidar com eles, porém há outros estressores que vivem dentro do nosso próprio ser e que podem prejudicar bastante a nossa felicidade. Nem sempre os perigos ou ameaças que tememos são reais, às vezes se imagina ou interpreta uma situação como sendo perigosa ou ameaçadora e, na verdade, ela não o é. Quando o perigo é real e imediato, uma vez retirado, o organismo volta ao seu estado normal de relaxamento, acabando com os sintomas. E quando o perigo é imaginário e você fica constantemente pensando nele? Seu organismo permanece em estado de stress permanentemente, diminuindo sua resistência a doenças e prejudicando a sua qualidade de vida. É surpreendente verificar, o que mais cria stress emocional é justamente o nosso modo de ser e pensar. Existem pessoas que aprenderam desde crianças a pensar de modo estressante e carregam dentro de si uma verdadeira fábrica de stress. O stress que vem de dentro pode ser pior do que o gerado pelos estressores externos porque acompanha a pessoa a cada minuto do dia e em tudo o que ela faz. Essa fábrica interna de stress é formada pelos valores, às vezes muito rígidos que temos, um modo típico de reagir com ansiedade frente ao mundo, o desejo de ser perfeito ou de ser aceito e amado por todos. Além disto, alguns sofrem da "síndrome da pressa", isto é, são cronicamente movidos a fazerem muitas coisas em um dia só e tudo muito rápido. São pessoas que vivem em uma constante corrida contra o relógio. Isto estressa e desgasta.

A doença da pressa

Há alguns anos atrás dois cardiologistas americanos, Friedman e Rosenman, identificaram um padrão de comportamento em algumas pessoas que parecia torná-las sempre apressadas, intensas, facilmente irritadas e muito dinâmicas. Chamaram a este conjunto de comportamentos de "Padrão Tipo A de comportamento" em contraste a outro padrão que designaram de Tipo B, tipificado pela ausência da pressa. Não utilizaram qualquer nomenclatura clínica, pois não queriam que se pensasse que tal padrão de comportamento fosse uma doença. Enfatizaram que era de fato um modo de se comportar muito estável em suas características, isto é, as pessoas tendem a manter seu modo de se portar na vida através dos anos. Sugerimos a expressão "doença da pressa" ou "síndrome da pressa" para designar o padrão Tipo A de comportamento como gerador de grande stress emocional.

Através dos anos, pesquisas têm sido realizadas mostrando o envolvimento de traços do comportamento Tipo A em várias áreas. Estudos indicam que o Tipo A é mais sujeito a enfarte, úlceras e várias outras enfermidades, embora em geral o Tipo A seja muito bem-sucedido na vida profissional. A busca incessante de sucesso, não necessariamente de ganhos financeiros somente, parece ser a motivação intrínseca da pessoa Tipo A.

Pessoas que possuem o padrão de comportamento Tipo A tendem a reclamar da sobrecarga de trabalho e da necessidade de serem muito rápidas em tudo o que fazem, e de como são muito ocupadas. Essas pessoas utilizam expressões como: "tempo é dinheiro", "não gosto de perder tempo", "não dá tempo" porque sentem que é perder tempo levar uma hora conversando com os amigos, ir a uma reunião na escola dos filhos ou pura e simplesmente passar alguns minutos olhando a beleza da natureza.

Algumas pesquisas têm tentado definir se existe um fator genético que predispõe alguns seres humanos a desenvolverem a doença da pressa ou se ela é aprendida. Não há ainda certeza e o mais provável é que seja o produto da interação dos dois fatores: predisposição genética e práticas parentais. Independente da gênese deste padrão, o constatado é que essas pessoas vivem como se estivessem em meio a um furacão, sempre colocando força e energia extrema em tudo o que fazem. A busca pelo sucesso e preenchimento de metas é sempre o prioritário para elas. O resultado é que o sucesso profissional é quase sempre garantido, porém a vida afetiva e a familiar às vezes sofrem prejuízos importantes, pois a pressa não permite o cultivo de relações que não se constituem em metas específicas.

Devido ao esforço e energia despendido durante tudo o que é realizado, a pessoa que sofre da doença da pressa tem uma probabilidade grande de desenvolver doenças devido ao enfraquecimento de algum órgão de choque em seu organismo, seja na área física ou psicológica, problemas gástricos, dermatológicos, cardiológicos, etc.

O Quadro 7 permite avaliar se você tem comportamentos característicos da doença da pressa.

Quadro 7. Você tem sinais da doença da pressa?

Responda sinceramente às perguntas a seguir e verifique se faz parte do grupo das pessoas "apressadas".

1. Durante uma conversa coletiva, você costuma confirmar com expressões como "sim", "evidentemente", "claro", enquanto outras pessoas estão falando:
( ) Sim   ( ) Não

2. Quando não está fazendo nada, tem uma vaga sensação de desconforto ou remorso:
( ) Sim   ( ) Não

3. Tem o costume de fazer duas ou mais coisas ao mesmo tempo?
( ) Sim   ( ) Não

4. Na maioria das vezes, é muito rápida no pensamento e nas ações:
( ) Sim   ( ) Não

5. Quando se depara com pessoas que incluem muitos detalhes quando contam uma história, fica irritada?
( ) Sim   ( ) Não

6. Normalmente pensa em vários assuntos ao mesmo tempo?
( ) Sim   ( ) Não

4 ou mais respostas afirmativas: Você tem sinais da Síndrome ou Doença da Pressa. Procure fazer pausas na sua rotina pesada, e lance mão de alternativas para relaxar. Lembre-se que é melhor chegar atrasado nesta vida, do que cedo demais na outra.

3 respostas afirmativas: Você não é portador da Síndrome da Pressa, mas apresenta certa tendência a adquiri-la.

2 respostas afirmativas: Você está no grupo ideal das pessoas que vivem as coisas de acordo com o tempo natural, sem apressá-las.

Existem vários tipos de fontes internas de stress. O Quadro 8 apresenta uma lista de alguns estressores internos que muitas vezes passam despercebidos porque nem sempre é fácil olhar para dentro e verificar como nós próprios estamos criando stress para nossa vida.

Quadro 8. Fontes internas de stress

1. Pensamentos rígidos e esteriotipados
2. Valores antigos que não se adequam à realidade atual
3. Expectativas impossíveis de serem preenchidas
4. Negativismo, pessimismo, mal humor
5. Não saber dizer "não" às demandas dos outros
6. Níveis de ansiedade muito acentuados
7. Níveis de depressão altos
8. Competição constante
9. Pressa, como um modo de viver
10. Inabilidade de perdoar e esquecer o passado
11. Perfeccionismo
12. Pensamentos obsessivos
13. Insegurança
14. Raiva
15. Egoísmo
16. Repetição das mesmas situações vividas no passado.

Para eliminar ou "fechar" a fábrica interna de stress é necessário, muitas vezes, mudar o modo de pensar e de agir. Ser mais paciente, tolerante e menos perfeccionista ajuda muito a reduzir as exigências que colocamos em nossa mente. É importante aprender a identificar os pensamentos geradores de stress, analisá-los e reestruturá-los para serem mais adequados e lógicos. Ser otimista e racional é um dos melhores modos de lutar contra o stress. Verifique no Quadro 9 se você tem fontes internas de stress que poderiam estar criando tensão em sua vida.

QUADRO 9. Avalie o seu nível de stress interior

1. Fico muito irritado quando alguém discorda de mim
   ( ) Verdadeiro   ( ) Falso

2. Sinto-me inquieto quando não estou fazendo nada
   ( ) Verdadeiro   ( ) Falso

3. Sinto-me nervoso quando as pessoas me fazem perder tempo
   ( ) Verdadeiro   ( ) Falso

4. Tenho sempre a sensação de que algo vai dar errado
   ( ) Verdadeiro   ( ) Falso

5. Evito conflitos a todo custo, mesmo que me prejudique com isto
   ( ) Verdadeiro   ( ) Falso

6. Fico muito angustiado quando percebo que alguém não gosta de mim
   ( ) Verdadeiro   ( ) Falso

7. Recrimino-me repetidamente quando faço algo errado
   ( ) Verdadeiro   ( ) Falso

8. Sinto-me ansioso quando algo foge do meu controle
   ( ) Verdadeiro   ( ) Falso

9. Muitas coisas me fazem ficar com raiva
   ( ) Verdadeiro   ( ) Falso

10. Acredito que se não for competente em tudo, não serei muito respeitado
    ( ) Verdadeiro   ( ) Falso

De 6 a 10 respostas na opção *Verdadeiro*: Você parece possuir um temperamento inquieto e agressivo e este modo de ser pode gerar muito stress no dia a dia. Procure reavaliar o seu modo de pensar e se sentirá melhor.

De 3 a 5 respostas na opção *Verdadeiro*: Você possui alguns padrões cognitivos, isto é, modos de pensar, que podem gerar stress emocional. Valores e pensamentos podem ser reestruturados para que se possa ter uma vida mais fácil de ser vivida.

Até 2 respostas na opção *Verdadeiro*: Você está no grupo ideal. Continue assim!

O pensamento como fonte de stress

O mesmo evento que ofende e estressa uma pessoa pode não ter qualquer impacto em outra. Quantas vezes nos surpreendemos ao verificar que alguém se ofendeu com algo que a nós não afetou em nada, ou ainda, nos sentimos ofendidos porque um amigo ou parente não consegue entender porque algo está nos incomodando tanto. Tudo vai depender de uma série de fatores, entre eles: a resistência da pessoa (também chamada de resiliência), sua vulnerabilidade ao stress, as estratégias de enfrentamento que ela possui ao seu dispor naquele momento, e também muito depende do modo como a pessoa percebe e interpreta o acontecimento. Muito freqüentemente, não é o acontecimento em si que nos afeta, mas sim a maneira como interpretamos o que ocorreu. Se analisarmos melhor os fatos de nossa vida diária, verificamos que são os nossos pensamentos que determinam como iremos nos sentir frente a determinada situação. Aprendemos, durante a infância, adolescência e também na vida adulta, a valorizar certos eventos e desprezar outros; acreditamos que algumas coisas são importantes, outras não. Aprendemos a ter expectativas em relação ao futuro e desenvolvemos uma imagem de um mundo presumido. Com freqüência, esquecemos de atualizar a nossa visão da vida frente às experiências que vamos tendo. Ao continuar querendo um mundo como o que formulamos em nossa mente, sem atualizações, quantas vezes nos chocamos com uma realidade que não é a desejada, porém é a verdadeira. É o embate entre nosso mundo presumido e o mundo real. Por isto é importante, periodicamente analisar nosso modo de pensar, nossas crenças, nossa visão do mundo, nossos hábitos de vida e nosso modo de perceber e agir.

Por que o que pensamos influi nas nossas emoções?

Atualmente já se sabe com certeza que existe no Sistema Nervoso Central (SNC), um centro gerenciador das emoções, designado de sistema límbico. Todas as emoções são originadas nesta parte do SNC. O sistema límbico é formado de um conjunto de estruturas cerebrais que interagem constantemente e pode ser considerado o substrato neural das emoções. Todas as suas partes se comunicam, talvez até por isto, muitas vezes, se torne difícil identificar exatamente o que estamos sentindo, em certos momentos. Interessante é também considerar que devido ao fato dos sistemas neuroendócrino, neuroimune e neurovegetativo terem sua base no sistema límbico, as emoções exercem uma influência importante sobre eles, o que explica, pelo menos em parte, o notório vínculo existente entre o stress emocional e as doenças psicofisiológicas. Embora haja toda uma rede de intensa comunicação entre as várias partes do sistema límbico, cientistas descobriram que cada tipo de emoção está localizada mais especificamente em determinados lugares, mesmo que todo o sistema límbico participe das emoções. O hipotálamo, do tamanho de uma uva, é uma das partes mais importantes do sistema límbico. É o vínculo entre o corpo e a mente, mantém contato com todas as áreas vizinhas, reina no sistema endócrino (que é o conjunto de glândulas de todo o corpo) e regula as funções vegetativas e as emoções. Sua função não é dar origem às emoções, mas a de dar expressão às mesmas, de modo que ele administra, por assim dizer, todas as emoções que sentimos. A ação química que ocorre é passível de ser modificada através de vários meios, tais como o uso de psicotrópicos e a psicoterapia. As medicações destinadas a melhorar o funcionamento emocional objetivam sempre regularizar a ação do sistema límbico, que, como revisto, é o que controla as emoções. É importante atentar para o fato de que as estruturas do sistema límbico funcionam mediante estímulos, isto é, elas são colocadas em atividade quando estimuladas por algo que ocorre, real ou imaginário, e que passa por uma interpretação pessoal desestabilizadora. Deste modo, a psicoterapia tem também o poder de modificar a ação do sistema límbico por meio de mudanças na interpretação de eventos catalisadores das emoções. De utilidade inigualável no manejo do stress é a terapia de base comportamental-cognitiva que trabalha justamente na reestruturação cognitiva, isto é, na mudança do modo de pensar, de perceber o mundo ao seu redor e de avaliar os acontecimentos. Por meio desta mudança na avaliação dos eventos, consegue-se, conseqüentemente, uma grande alteração na reação do stress. A interação entre fatores internos e externos é modulada pelas estratégias de enfrentamento, desenvolvidas durante a história de vida e que podem ser aprendidas a qualquer momento, independente da idade, mas também pela vulnerabilidade da pessoa ao stress, a qual pode ser biológica ou de origem psicológica.

Vulnerabilidade e resiliência ao stress

Há pessoas que passam por grandes traumas e que não desenvolvem stress emocional, há outras que se estressam frente a eventos que não afetam os outros. Há de se atentar para o fato de que as pessoas que são mais resistentes ou resilientes não são necessariamente invulneráveis. A palavra invulnerável leva a se pensar em alguém que nunca é afetado por qualquer adversidade e isto seria quase que impossível, pois todos têm um limite, uma área mais sensível. Além disto, a resistência é uma condição relativa que varia muito dependendo do contexto e da época de sua ocorrência. O termo resiliente ou resistente é mais apropriado, pois leva a se entender, não que haja invulnerabilidade, mas sim que a pessoa consegue superar as crises e adversidades da vida. Esta questão é muito provocativa e leva à hipótese de que existem diferenças individuais de origem tanto ambiental quanto genética. Acreditamos que as mais vulneráveis sejam pessoas biologicamente mais sensíveis, isto é, com uma grande hipersensibilidade do sistema límbico e que possuem, ao mesmo tempo, uma história de vida onde cognições inadequadas foram desenvolvidas. Já vimos que o sistema límbico é o gerenciador das emoções, quando ele é muito sensível à estimulação qualquer evento pode levá-lo a reagir. Quando ele é menos sensível, a reação é mais branda. Mas, há de se lembrar que a interpretação que damos aos eventos muito contribui para o que vamos sentir frente a ele, deste modo a fim de que o sistema límbico seja ativado, o evento necessita ser interpretado como um desafio. O modo como fazemos isto, como interpretamos os fatos e situações que ocorrem depende fundamentalmente de um aprendizado que ocorre durante nossa história de vida. A tendência para se estressar se constitui em um quadro que inclui distorções cognitivas, isto é, um modo inadequado de pensar e avaliar os eventos da vida, expectativas ilógicas e exageradas, vulnerabilidades pessoais e comportamentos observáveis eliciadores do stress. Inclui também uma hiper-reatividade fisiológica frente a demandas psicossociais, a qual pode ser gerada por uma hipersensibilidade do sistema límbico, e conduz à produção excessiva de catecolaminas, testosterona e cortisol. O que distingue uma pessoa sensível de outra resistente ao stress? O Quadro 10 mostra as possíveis interações entre a vulnerabilidade genética e o ambiente.

QUADRO 10. **Interações entre vulnerabilidades genéticas e o ambiente**

GENETICAMENTE	MEIO AMBIENTE ADEQUADO	MEIO AMBIENTE INADEQUADO
SUSCETÍVEL	Vulnerabilidade ao stress é reduzida	Vulnerabilidade é agravada. Pode ser uma pessoa cronicamente estressada
NÃO SUSCETÍVEL	Resistência ao stress é grande. É a pessoa quase invulnerável aos desafios	Vulnerabilidade pode surgir. A genética pode prevalecer, ou o ambiente

Considerando-se a importância que o meio ambiente possui na determinação da resistência ou vulnerabilidade ao stress, torna-se importante atentar para a infância como um período crítico para a determinação destes traços.

O STRESS INFANTIL

DESDE O MOMENTO DA GESTAÇÃO a criança pode se estressar. O stress da gestante pode ter várias conseqüências para o bebê, isto porque a mãe transmite informações tanto fisiológicas como emocionais para ele. O stress na gestação pode produzir constrição dos vasos sangüíneos da placenta, dificultando a transmissão dos nutrientes e oxigênio para o feto, de modo a prejudicar o seu crescimento. Dra. Eliana Torrezan, em seu trabalho com gestantes, encontrou uma associação entre stress na gestação e problemas respiratórios na criança meses após o nascimento. Essa mesma pesquisadora menciona um estudo realizado por dois autores americanos, Niederhofer e Reiter, com 227 gestantes, algumas que passavam por períodos de stress e outras não. Eles observaram os movimentos fetais, através do ultra-som e estudaram a associação entre os movimentos fetais, o stress na gestação e o temperamento das crianças durante 6 anos. Os resultados mostraram uma significante correlação entre stress no pré-natal e o comportamento na escola, no que se refere ao temperamento das crianças.

Considerando que a criança estressada será, muito provavelmente, um adulto vulnerável às tensões da vida e, portanto, com uma grande chance de se estressar, torna-se importante tratar o stress na infância e na adolescência a fim não só de preservar a saúde e bem-estar nestas fases especiais da vida, mas também para se garantir uma sociedade com adultos mais capazes, bem ajustados e resistentes às inúmeras batalhas e dificuldades que a vida nos traz, principalmente em um país em desenvolvimento como o Brasil. Quando o stress é tratado adequadamente, a criança pode desenvolver meios para lidar com as tensões e desafios de modo positivo e pode até aprender a usar o stress a seu favor. O número de crianças com sintomas de stress parece estar aumentando. Provavelmente, a maturidade e a independência precoces sejam fatores que estejam contribuindo para que tal fenômeno ocorra. Outro fator importante é a permissividade sexual prevalente nos dias atuais, que conduz crianças bem novas a uma vida sexual prematura. Estes fatos, mais a vontade de muitos pais fazerem seus filhos participarem de um número cada vez maior de atividades diárias, podem estar causando o aumento do stress infantil nos tempos atuais. Independentemente destas causas é importante a conscientização para reconhecer o stress e controlá-lo.

Durante as várias etapas do seu desenvolvimento, a criança se confronta com momentos em que a tensão pode alcançar níveis altos, que às vezes até ultrapassam a sua capacidade ainda imatura para lidar com situações conflitantes. Se os adultos ao seu redor responderem às tensões da vida com ansiedade e angústia, a criança aprenderá a agir assim também. Mais tarde quando confrontada com estressores ela terá a tendência imediata para se sentir angustiada e ansiosa. Se os pais não entendem o que está se passando e não ajudam a reduzir os estressores presentes, o stress pode atingir níveis preocupantes e problemas emocionais e físicos podem ocorrer como conseqüência. Isto pode ser evitado, pois mesmo as crianças mais sensíveis podem aprender estratégias de enfrentamento de tensões que reduzam a probabilidade de virem a ter problemas ligados ao stress. Infelizmente ensinar modos de lidar com a vida é, às vezes, difícil para pais que também não sabem como enfrentar o stress, pois eles próprios sofrem suas conseqüências. Verifica-se que pais estressados, em geral, têm filhos estressados, pois servem de exemplo negativo. Crianças precisam de um modelo adequado para aprenderem certas atitudes frente aos problemas do viver. Pais e professores são, portanto, as pessoas mais importantes na prevenção do stress excessivo em crianças.

Estressores típicos da infância

Crianças também respondem às demandas externas e internas do mesmo modo como ocorre com o adulto. Embora as fontes de stress infantil sejam necessariamente muito diferentes, existem algumas similaridades, como por exemplo, mudanças importantes que exigem adaptação, independentemente da idade. Na criança o que mais cria stress é a morte de um dos pais ou de um irmão. O outro estressor de grande porte é o abuso sexual, físico ou emocional que muitas vezes produzem efeitos duradouros ou até perenes. Divórcio ou brigas constantes entre os pais e atividades em excesso também podem criar uma tensão muito grande. Gravidez da mãe, nascimento de irmão, disciplina confusa por parte dos pais, hospitalização, mudança de escola, iniciar novas atividades extracurriculares e mudança da babá podem estressar a criança dependendo da maneira como a situação é apresentada para ela. O Quadro 11, a seguir, lista as fontes externas de stress na criança mais comumente encontradas.

Quadro 11. Fontes Externas de stress na infância

1. Mudanças significativas ou constantes na vida da família
2. Responsabilidades em excesso para a idade
3. Excesso de atividades (o mini-executivo)
4. Brigas ou separação dos pais
5. Algumas escolas
6. Morte na família, principalmente de pais ou de irmãos
7. Pressão ou rejeição de colegas
8. Disciplina confusa por parte dos pais
9. Hospitalização ou doença
10. Nascimento de irmão
11. Injustiça por parte de pais em favor de irmãos
12. Medo do pai alcoólatra ou drogado
13. Troca de professora ou de colégio
14. Mudança de vizinhança
15. Pais ou professores estressados
16. Doença mental dos pais
17. Assalto, seqüestro ou violência própria ou de familiares
18. Abuso sexual, verbal ou físico

Estes estressores são os mais freqüentemente mencionados pelas próprias crianças que conseguem descrever com certa facilidade o que está acontecendo ao seu redor, que poderia estar interferindo com o seu funcionamento normal, mas não se pode esquecer que elas também são capazes de autoproduzirem um nível de tensão grande, do mesmo modo que um adulto, devido a estressores internos. As fontes de stress de origem interna, mais freqüentes, estão relacionadas no Quadro 12.

QUADRO 12. Fontes internas de stress infantil

1. Ansiedade
2. Depressão
3. Timidez
4. Desejo de agradar
5. Medo do fracasso
6. Preocupação com mudanças físicas
7. Medo da punição divina
8. Autodúvidas quanto à inteligência, beleza etc.
9. Interpretação amedrontadora de eventos simples
10. Medo dos pais morrerem e de ter que ficar só no mundo
11. Medo de que alguém morra porque sua morte foi desejada em momentos de briga
12. Medo de ser ridicularizado por amigos
13. Sentir-se injustiçado sem ter como se defender
14. Desacordo entre auto-exigência de sucesso e o verdadeiro potencial

Conseqüências do stress infantil excessivo

As conseqüências do stress podem ser de natureza física e emocional, entre outras.

Conseqüências físicas

Quando o stress é prolongado, o sistema imunológico é afetado e há uma redução da resistência da criança, tornando-a vulnerável às infecções e doenças contagiosas. Ao mesmo tempo, doenças que permaneciam latentes podem ser desencadeadas. Úlceras, asma, diabetes, problemas dermatológicos, alergias, bronquite e obesidade podem surgir. Gagueira e tiques nervosos podem também ser desenvolvidos durante períodos difíceis para a criança.

Conseqüências psicológicas

A dificuldade de concentração e de atenção, sinais típicos de stress, acabam dando origem a problemas escolares. Além disto, existe uma tendência da criança estressada ficar agressiva, desobediente, apática e desinteressada. Como o stress afeta a habilidade de organização, os cadernos e materiais escolares em geral se tornam muito desorganizados o que dificulta mais ainda o estudo. Irritabilidade, medos exagerados, depressão, ansiedade freqüentemente se manifestam.

Como lidar com a criança estressada

O Quadro 13 apresenta uma série de sugestões sobre medidas que têm sido de utilidade no manejo do stress infantil.

QUADRO 13. Sugestões sobre como ajudar a criança estressada

1. Tente identificar o que está estressando a criança. Objetivamente analise o que mudou na vida dela recentemente ou o que está para acontecer que a poderia estar estressando.
2. Verifique se os estressores presentes são proporcionais à idade e maturidade dela. Um pouco de stress pode ser bom, muito stress pode ser desastroso.
3. Se possível diminua a pressão que ela está sofrendo. Nem sempre dá para fazer isto, mas sempre é possível ajudar a criança a ver a realidade de modo menos ameaçador.
4. Possibilite a conversa dela com alguém que ela confie e que saiba ouvi-la sem críticas ou lições de moral. Conversar ajuda muito, pois ventila os sentimentos e ajuda na busca das soluções.
5. Observe os desenhos e brincadeiras dela. Às vezes a conversa adquire uma forma simbólica.
6. Brinque com ela, mas lembre-se que o stress faz a pessoa funcionar um pouco abaixo do seu nível regular, pois afeta a concentração. Não é o momento para ensinar coisas difíceis, mas sim para relaxar e descontrair.
7. Não discuta eventos trágicos e tristes na sua presença, ela deve estar hipersensível.
8. Não faça cobranças. Deixe que ela faça tudo em um ritmo mais lento.
9. Enfatize que tudo vai passar e que ela vai ficar boa, como antes. Não force a discussão sobre o problema que a aflige, mas se ela o abordar, ouça e veja se é possível ajudar.
10. Envolva-a em atividades físicas, não competitivas, que possam ajudá-la a pôr para fora sua angústia e raiva.
11. Deixe que veja TV um pouco mais do que de costume. A mente relaxa quando absorvida em algo.
12. Ensine alguma técnica de relaxamento que ela possa praticar todos os dias. Esses exercícios vão desde a respiração profunda até o relaxamento muscular e mental. Há alguns deles descritos neste livro que têm sido de utilidade com muitas crianças.
13. Providencie uma alimentação rica em sucos e frutas.
14. Tenha a certeza de que o stress vai passar e a criança voltará ao normal.

Fonte: Lipp, M.E.N. (org.) Crianças Estressadas: causas, sintomas e soluções.

A primeira providência deve ser explicar para a criança o que está se passando com ela. É necessário saber que a irritabilidade e hipersensibilidade emotiva levam a comportamentos de birra, desobediência e agressividade, que não devem ser reforçados, mas também não devem ser vistos como problemas de comportamento. É bom saber que tudo isto é o reflexo do momento e que passará quando o stress for reduzido. Tenha, portanto, muita paciência ao lidar com alguém estressado, principalmente se for uma criança.

O stress na adolescência

A LITERATURA É ESCASSA NA ÁREA do stress na adolescência, embora os relatos de stress nesta faixa etária sejam freqüentes na prática clínica. Trata-se de um período às vezes até temido pelos pais devido a todas as mudanças que nela ocorrem. A transição entre a infância e idade adulta inclui muitos desafios, e, conseqüentemente, é um período em que o organismo precisa fazer um esforço grande para se adaptar a realidades que mudam no dia a dia, como as mudanças físicas, o desequilíbrio hormonal, o tipo e quantidade de responsabilidades, a necessidade de escolha da carreira, a opção sexual, o conflito das drogas, o consumismo, a competição do mundo empresarial, a fluidez dos valores da pós-modernidade, a estrutura flexível das relações interpessoais, as expectativas para o masculino e o feminino e a tecnologia moderna. Tudo isto, ocorrendo com pessoas ainda sem grande vivência pessoal torna a adolescência uma das fases das mais vulneráveis ao stress.

Muitas vezes, justamente os pais que esperam dos filhos níveis de desenvolvimento maiores e comportamentos de independência e responsabilidade muito precocemente, são os que passam a ser subitamente mais autoritários e controladores quando estes chegam à adolescência. Nota-se que os pais e a sociedade encorajam as crianças a crescerem rapidamente e se comportarem como adultos, mas quando elas chegam na adolescência, lhes é imposta uma série de regras do mundo adulto que elas nem sempre conseguem. Freqüentemente, estes adolescentes sentem-se traídos por uma sociedade contraditória que estimula o crescimento precoce, mantendo-os crianças.

Hoje em dia percebe-se que a ênfase das famílias está sendo colocada na aquisição de habilidades técnicas relacionadas com o sucesso profissional. Porém, pesquisas indicam que uma das habilidades mais necessárias ao sucesso ocupacional no presente é a habilidade de se relacionar com os outros. Na época computadorizada que temos hoje, a habilidade de saber se relacionar, a ter a capacidade de gerenciar conflitos torna-se cada vez mais procurada pelas empresas em busca de excelência, portanto mais proveitoso seria que as famílias colocassem mais ênfase no aprendizado de habilidades sociais do que nos conhecimentos técnicos. O Quadro 14 apresenta uma lista de sintomas típicos da adolescência que pode ser útil para a identificação de um possível estado de stress.

QUADRO 14. Levantamento de sintomas de stress em adolescentes

Assinale os sintomas que tem experimentado nos últimos 15 dias

( ) esquecer coisas mais do que antigamente

( ) comer muito ou menos do que antes

( ) cansaço constante como se estivesse terminado de fazer um esporte

( ) tensão muscular

( ) dúvida quanto a si próprio

( ) insônia

( ) irritabilidade excessiva

( ) ansiedade ou angústia todo dia

( ) vontade de desaparecer

( ) vontade de não fazer nada

( ) vontade de usar droga ou beber para se sentir melhor

( ) agressividade

4 ou mais sintomas assinalados: o adolescentes pode estar em situação semelhante a de outros adolescentes diagnosticados como tendo stress. Mas lembre-se que isto é só uma possibilidade, pois o diagnóstico para ser válido precisa ser realizado por um psicólogo especializado.

Quando os filhos atingem a adolescência, um dos riscos que é mais temido pelos pais é o uso drogas. Alguns a usam por influência do grupo ou pelo desejo de experimentar uma sensação nova, mas há também casos em que o uso é precipitado pela procura de alívio para uma angústia e depressão com as quais o jovem não sabe lidar. É esta uma das razões pelas quais é importante garantir o aprendizado de técnicas de enfrentamento na infância e no início da adolescência. Os pais podem e devem evitar o uso de drogas em seus filhos. Eles podem ter o apoio e ajuda de profissionais, mas são eles os melhores agentes de mudança. Cabe a eles protegerem seus filhos e guiá-los no caminho do sucesso e da realização pessoal. O Quadro 15 oferece algumas sugestões, elaboradas com base nos estudos do *National Institute of Drug Abuse*, que talvez possam ajudar os pais no gerenciamento deste grave problema.

Quadro 15. Pais – que atitude tomar frente às drogas?

Devo mostrar que estou furioso com ele?

Não, furioso não. Preocupado, disposto a tudo para impedir o uso da droga, sim. É natural que você se sinta desiludido, frustrado e com medo do futuro do seu filho. Neste momento, ajuda um pouco se você conseguir ser:

- **Compreensivo:** diga coisas do tipo: *"Filho, sei que a tentação para usar a droga é grande neste momento, que há muita pressão de amigos que usam drogas para que você as use também"* ou *"Sei que você, no fundo, também está preocupado com o uso da droga"* ou *"Sei que você nunca imaginou que estaria nesta situação. Às vezes, é difícil dizer não aos colegas"*.

- **Firme:** *"Amo você, você é muito importante para mim e, por isto, não posso de modo algum permitir que você se destrua. Além disto, o uso de drogas é ilegal. Nunca vou querer que você faça algo fora da lei"*.

- **Amigo:** Reassegure seu filho dizendo: *"Quero e vou ajudá-lo a parar com a droga"*. *"Você não está sozinho, conte comigo, mas lembre-se, sou seu amigo e sou também inimigo das drogas."* (Esses comentários visam mostrar ao jovem que você o apóia, pois sabemos que só mostrar intelectualmente os efeitos maléficos do uso de drogas não surte efeito.)

- **Ativo:** Após tornar clara a proibição do uso de drogas, verifique se sua conversa franca e direta teve efeito. Se o uso de drogas foi interrompido, utilize as sugestões feitas quanto à prevenção. Lembre-se, também, de fazer uma

continua...

continuação do quadro 15

auto-análise. Verifique se você está dando mal exemplo através do uso excessivo de álcool, etc. Verifique, também, se está dando ao seu filho toda a atenção que ele merece e necessita. Ataque a droga, não seu filho.

Os pais podem ajudar no controle das drogas?

Os pais, muitas vezes, não sabem toda a força e o poder que têm no destino de seus filhos. Eles podem sim, com certeza, ajudar na prevenção e no controle do uso de drogas de seus filhos.

Como posso ajudar na prevenção do uso de drogas de meus filhos?

Na prevenção, várias atitudes dos pais ajudam, tais como: dar amor, carinho, informações adequadas, conversar bastante com os filhos, valorizar o modo deles serem, guiar na busca de ideais, ajudá-los a ter objetivos e metas de vida, ensinar a eles a se autovalorizarem. Também devem ensinar que há sempre uma solução para os problemas e que há esperança para o futuro. Tudo isto ajuda, sem se esquecer que é importante ensinar a resistir à pressão do grupo, para que o jovem saiba dizer **NÃO** quando necessário. Tudo o que você puder fazer para criar um ser humano mais saudável emocionalmente, ajudará a evitar o uso de drogas.

Mas, compreenda que por mais que você faça tudo certo, às vezes a má influência de amigos pode levar ao uso das drogas.

O que devo dizer se desconfiar que meu filho está usando drogas?

Não hesite. De modo direto e franco, revele sua preocupação. Esclareça o porquê dela. Fale dos efeitos nocivos da droga na saúde física, mental e emocional da pessoa, principalmente de alguém que ainda está em desenvolvimento. Mencione os efeitos sociais do uso de drogas. Torne claro que não aceita que ele use drogas e que você não permitirá que ele continue.

Não o diminua por causa do uso de drogas. Ele precisa de sua certeza, de seu apoio e de seus limites.

Se sua conversa com ele não foi suficiente para parar com o uso de drogas, você terá que usar a disciplina para protegê-lo. Estabeleça, de imediato, normas de conduta que reduzam o acesso às drogas. Estabeleça horários, locais em que possa ou não freqüentar, amigos com quem possa ou não sair. Estabeleça penalidades para as infrações, use limites, use a idéia de amor exigente. Nesta fase, torna-se muitas vezes necessário usar fiscalização e severidade.

Lembre-se: só imponha normas que esteja disposto a fazer cumprir

Sua ação firme, sistemática e amorosa deverá surtir efeito, porém se o uso de drogas continuar, procure ajuda profissional. Muitas vezes, as batalhas são grandes demais para se lutar sozinho. Tenha esperança e não desanime. Ame, mas exija.

Amar um filho implica sempre em pôr limites, e isto nem sempre é fácil. Muito mais fácil seria deixá-lo livre para fazer o que quisesse, porém, quem ama de fato um filho precisa passar pelo desconforto de ter que lidar com as reações negativas que surgem quando o disciplina. Não se pode esperar que quando se impõe disciplina, se diz não, se educa e se retira privilégios ante um comportamento intolerável, que o adolescente vá entender de imediato o porquê da atitude dos pais e os agradeça. É mais freqüente que haja reclamações, choros e até cenas desagradáveis. Manter a calma nessas horas e a certeza de que compete aos pais disciplinar e guiar ajuda a reduzir o desconforto. Não se pode delegar aos outros a responsabilidade sobre como educar nossos filhos. A seguir são apresentadas algumas sugestões para os pais que estejam em dúvida quanto a como lidar com os filhos nesta faixa etária.

Adolescência – orientação para os pais

Para a maioria dos jovens, a adolescência começa entre os 10 e 14 anos e continua até os 19 ou 20 anos. De um modo geral, o período da adolescência é visto como difícil e cheio de atritos, não só pelos adultos, mas também pelos próprios adolescentes.

Para o adolescente, este período se caracteriza por sentimentos contraditórios, principalmente quanto aos pais. Os adolescentes lutam por independência, mas, na verdade, temem a independência excessiva. Eles não conseguem tolerar controle ou proteção demasiada, mas precisam da segurança da atenção dos pais.

Para os pais, este período é muito difícil também, pois precisam aprender a lidar com as oscilações de humor que os filhos apresentam.

É normal que adolescentes flutuem entre comportamentos adultos e infantis, entre agir com responsabilidade e de modo irresponsável, entre afrontar a autoridade dos pais em um momento e depender deles em outros. Deste modo, é de se compreender como este período pode ser difícil para os pais, bem como para os jovens.

No entanto, a adolescência pode ser também um período de grande alegria para a família, se os jovens e os pais conseguirem se comunicar e se respeitar, uns aos outros. Alguns dos meios como pais podem ajudar a tornar a adolescência mais agradável incluem:

1. Compreenda que a rebelião da adolescência não durará para sempre e que o adolescente rebelde de hoje será, certamente, um amigo amanhã.

2. Faça uma análise de seu próprio comportamento quanto ao jovem, para evitar que seus próprios problemas e pressões da vida não o façam reagir excessivamente. Dê bons exemplos.

3. Pais devem manter a disciplina necessária com seus filhos, mas se lembrar que estes precisam de uma certa liberdade para se desenvolverem.

    Uma boa idéia é deixar que o adolescente participe da decisão quanto aos limites que devem ser estabelecidos. Quando eles participam, normalmente é mais fácil que aceitem estes limites.

4. Seja seguro de suas ações. Adolescentes precisam saber que seus pais sabem o que querem quanto à disciplina. Uma vez que limites ou regras sejam estabelecidos com a participação do jovem, os pais devem impô-los.

5. Aprenda a *ouvir* e compreender o adolescente e, para tal, é preciso que você:

    a) Dê total atenção quando ele quiser conversar, isto é, não leia, assista televisão ou faça outras coisas ao mesmo tempo em que o escuta.

    b) Ouça com calma, mesmo que não concorde com a opinião dele. Não comece a dar lição de moral quando ele quer trocar idéias. Tente, de fato, entender o ponto de vista dele.

    c) Fale com ele só de modo cortês. Se você é desrespeitoso, rude ou cínico com seu filho, ele achará normal ser assim com outros, inclusive com você mesmo.

    d) Evite passar julgamento. Ninguém gosta de conversar com alguém que critica muito. Isto não quer dizer que você tem que concordar com tudo que seu filho disser, mas é importante entender o sentimento dele no momento.

    e) Permita que seu filho fale o que ele realmente acha sobre qualquer área da vida, mesmo que você tenha idéias diferentes, seja com relação ao trabalho, amor, sexo ou valores.

Mesmo que estas idéias o alarmem, escute com respeito o que seu filho tem a dizer e, depois, dê a sua opinião de modo direto. Muitas vezes os adolescentes "testam" suas idéias nos adultos, portanto é preciso que você dê a sua opinião honestamente, desde que a dê com calma.

6. Tente ver as características positivas de seu filho e o elogie por elas, freqüentemente.
7. Ajude seu filho a adquirir confiança em si próprio, incentivando-o a participar de esportes, música, arte, dança ou outra atividade. Mas, não o force.
8. Deixe que seu filho participe de decisões da família. Isto o fará se sentir mais importante e como membro de um grupo, mesmo que, no final, os pais é que tomem a decisão.

Em resumo, trate seu filho adolescente com respeito e consideração, inclusive quanto aos limites que são impostos a ele; não hesite em exigir disciplina dentro destes limites, dê a ele a liberdade suficiente para aprender a ser adulto e, acima de tudo, escute o que ele tem a dizer com toda a atenção e respeito.

O STRESS NO ADULTO

O NÚMERO DE CRIANÇAS ESTRESSADAS está aumentando. Pais estressados, crianças estressadas que um dia serão também os pais estressados de outras crianças nesta mesma condição... Que sociedade será a nossa dentro de alguns anos? Que futuro teremos se nada for feito para que se modifique esta situação? O stress no adulto preocupa, pois é o ser humano adulto o responsável por fazer a vida acontecer, quase tudo depende dele. Ele gerencia empresas. Ele determina o destino das nações. Ele determina onde e como a família vai viver. A ele compete ganhar e manter a si e a sua família em condições dignas. Ele é chamado para as lutas. É o ser humano adulto que cria ou reduz o stress na maioria das vezes para si, para a família, para colegas, para as empresas e para a sociedade. Por tudo isto, importante se torna controlar e reduzir o stress no adulto. O ideal seria que o manejo apropriado do stress fosse ensinado a todos ainda na infância, porém, se isto não ocorreu compete a cada um procurar aprender estratégias de gerenciamento das tensões da vida a fim de evitar uma série de problemas ligados ao stress patológico.

É importante rever as causas mais freqüentes de stress na vida adulta, como se segue:

- **Fontes internas capazes de atuarem como geradores contínuos de estados tencionais significativos:**
  - *a ansiedade*
  - *o pessimismo*
  - *os pensamentos disfuncionais*
  - *o padrão de comportamentos caracterizados pela pressa, competição e hostilidade*
  - *o medo*
  - *a solidão*

- **Fontes externas capazes de atuarem como geradores contínuos de estados tencionais significativos:**
  - *condições ambientais e sociais*
  - *ocupação profissional exercida*

A ocupação profissional, pelas próprias demandas que envolve, pode ser uma fonte de stress significativa. Torna-se importante diferenciar o stress ocupacional do stress familiar e pessoal. Fizemos recentemente um levantamento entre os trabalhadores brasileiros sobre o que mais criava tensão no trabalho; o Quadro 16 revela os estressores mais mencionados. Observe que eles se enquadram em três categorias básicas: as ligadas à empresa; as ligadas ao próprio modo de ser e aquelas referentes ao relacionamento com colegas de trabalho.

QUADRO 16. Condições precipitadoras de stress no trabalhador brasileiro

ESTRESSORES RELACIONADOS À EMPRESA:

– Responsabilidades excessivas

– Urgência de tempo colocada pela empresa

– Chefias que:
- dificultam o desenvolvimento dos serviços
- não estimulam as promoções
- falta de planejamento por parte dos gestores

ESTRESSORES RELACIONADOS AO PRÓPRIO MODO DE SER:

– Autocobrança: expectativa excessiva em relação aos serviços executados

– Medo do desemprego

ESTRESSORES RELACIONADOS AOS COLEGAS:

– Colegas que não cooperam para atingir o término da execução de tarefas

– Sentimento de que falta união entre os funcionários

Estudos na área revelam que o stress ocupacional é uma realidade, afetando diferencialmente os trabalhadores em função do tipo de trabalho realizado e causando grandes prejuízos para os próprios empregados e para as empresas. O Quadro 17 apresenta algumas dessas conseqüências.

QUADRO 17. Conseqüências do stress excessivo para as empresas e para os trabalhadores

Para as empresas prejuízo geral devido a:

1. Excesso de atrasos
2. Excesso de faltas
3. Aumento de licenças médicas
4. Alta rotatividade
5. Acidentes de trabalho
6. Problemas de relacionamento com a chefia e subordinados
7. Queda na produtividade (qualidade e quantidade)
8. Falta de originalidade nas idéias
9. Desempenho irregular
10. Dificuldades interpessoais com colegas

Possíveis conseqüências do stress excessivo para o trabalhador

1. Depressão
2. Falta de ânimo
3. Falta de envolvimento com o trabalho e a organização
4. Faltas e atrasos freqüentes
5. Excesso de idas ao ambulatório médico
6. Alcoolismo, tabagismo
7. Saúde física e mental sofre consideravelmente
8. Qualidade de vida e a sensação de bem-estar e de plenitude também é afetada
9. Dificuldades interpessoais, no âmbito empresarial e fora dele
10. Relações afetivas conturbadas
11. Divórcios
12. Farmacodependência,
13. Violência doméstica
14. Ansiedade
15. Suicídio

O ser humano estressado mostra irritação, impaciência, dificuldade de se concentrar e de pensar de modo racional e lógico. Irritado, sem paciência e sem concentração, ele não se relaciona bem com as outras pessoas, fica mais agressivo e menos interessado em assuntos que não o afetam diretamente. Neste estado, torna-se difícil para ele ser um bom cidadão e se interessar pelo que se passa na comunidade, no país e no mundo. Em condições emocionais tão precárias, às vezes não consegue contribuir plenamente para o avanço da sociedade. Não se pode esperar que ele, estressado, prejudicado em seu raciocínio, infeliz nos relacionamentos, muitas vezes doente fisicamente, pense em termos de comunidade. Por isto é que o controle do stress emocional deve ser uma preocupação que transcende o âmbito pessoal e passa a ser de interesse de toda a sociedade.

Logicamente, nem todos trabalhadores têm stress. Algumas pessoas têm alguns dos sintomas acima, outras não. No tratamento, é fundamental considerar se há um tipo de pessoa que está mais sujeita a se estressar.

Algumas pessoas parecem ter uma tendência crônica para se sensibilizarem frente aos eventos da vida. Esta propensão, pelo que temos visto em clínica e em pesquisas, é algumas vezes o produto das predisposições genéticas que, até certo ponto, independe do mundo exterior e que surgem freqüentemente em função do modo da pessoa ser. Como o caso da pessoa que sofre de depressão ou ansiedade biológica. Outras vezes ela advém de eventos da história de vida que ativa a tendência a se estressar e leva o ser humano ao stress patogênico. O stress não ocorre, no entanto, só em pessoas que tem esta tendência. Existem muitos casos graves de stress causados por situações que seriam estressantes para todos, como casos de guerra, seqüestro, fome, assaltos, sobrecarga de trabalho, perdas sérias, ocupações, conflitos interpessoais, mudanças de grande porte, entre outros. Todo ser humano, nasça ele com a predisposição para se estressar ou não, tem o seu limite para suportar tensões e dificuldades. Quando a carga estressante ultrapassa esse limite, com ou sem predisposição genética ou constitucional, o stress ocorrerá.

Stress no adulto mais velho

O mundo já não é mais de jovens. A maioria dos países relata que sua população está envelhecendo. A longevidade humana aumentou aproximadamente 30 anos ao longo do último século, provocando uma grande revolução demográfica no mundo. Estamos na Era do Envelhecimento e com isto muitas adaptações necessitam ser realizadas pelos que vivem mais, pelas famílias e pela sociedade, no geral. Além da demanda por condições financeiras de sobrevivência, há todo um aspecto emocional que envolve, entre outras coisas, como lidar com o tempo não estruturado, pois em geral, os horários lotados de atividades fornecem estrutura ao dia a dia. Quando não se tem mais obrigações de compromissos com hora marcada, o dia perde sua estrutura. Em uma sociedade que preza tanto o sucesso, a competição e o prestígio profissional, há que se abrir espaço para se começar a valorizar a figura do aposentado, que, muitas vezes, tem mais de 30 anos de sobrevida após a aposentadoria. O que fazer sem trabalhar em um mundo em que o trabalho toma prioridade? Muitas pessoas com mais de 70 anos relatam grande ânimo e felicidade, e se sentem perfeitamente adaptadas no seu novo estilo de vida, mas nem todas. Algumas que tiveram vidas muito bem sucedidas, às vezes até foram presidentes ou diretores de empresas, quando confrontados com uma aposentadoria, entram em verdadeiro estado de pânico, pois nunca aprenderam a ter lazer, não se familiarizaram com o chamado ócio construtivo, não aprenderam a se ocupar em atividades sem remuneração, não tiveram a oportunidade de praticar simplesmente viver, sem a preocupação de trabalhar. Quando, nos dias atuais, vejo pais intensamente interessados em que seus filhos se envolvam em múltiplas atividades que, na grande maioria das vezes, envolvem competitividade e busca de sucesso. Preocupo-me! Refletindo no grande número de anos que ainda se tem para viver após a aposentadoria, considero que uma das maiores aprendizagens que os pais poderiam passar para os filhos seria, além de incentivarem a dedicação saudável ao trabalho, ensinarem também a habilidade de simplesmente "ser", de saber usufruir as horas de lazer, participar de atividades comunitárias e de campanhas em prol de alguma causa humanitária. Isto poderia ser uma atividade interessante para pessoas que ainda têm tanto a oferecer, porém, que não possuem mais a oportunidade do trabalho que costumavam fazer.

Nota-se que muitas pessoas mais velhas não esperavam viver tantos anos e não se preocuparam, quer financeiramente, quer em termos de cultivarem amigos, ou de adquirirem interesse em um passatempo ou de se envolverem em causas comunitárias. A aposentadoria é vista pela sociedade como o início oficial da velhice. É estressante não saber usar o tempo não estruturado. A impressão que muitos têm é de que perderam junto com a posição profissional que ocupavam, também a importância pessoal que tinham. Porém, ninguém perde a importância pessoal e sua dignidade simplesmente porque entregou o cargo. Para evitar o stress, há que se entender que a pessoa mais velha pode e deve redefinir suas metas, revisitar seus objetivos de vida, redefinir seus sonhos e partir para um estilo de vida diferente. É a época de realizar os sonhos que ficaram guardados, viver com maior lentidão, sorvendo a cada minuto a beleza de não ter que correr para atender a múltiplos compromissos. O stress do envelhecimento pode ser minimizado se a pessoa conseguir manter o seu sentido de auto-importância, e lembrar que a sua contribuição ao mundo, e a si próprio, não tem que ser realizada somente através de um emprego remunerado. Deve-se lembrar que o processo de envelhecimento é algo contínuo e que ocorre desde que se nasce e não começa na aposentadoria. Todos estão envelhecendo. A prática de atividade física, do agrado da pessoa, é uma maneira excelente de ocupar o tempo e muitas pessoas idosas que deram início a um programa de exercício físico relatam redução dos sintomas psicológicos do stress, como preocupação excessiva, ansiedade e angústia, além de um aumento na sensação de bem-estar.

Manter uma atitude positiva frente ao dia a dia, cultivar um estilo de viver que lhe agrade e que maximize a sua qualidade de vida, cultivar amizades, se envolver em algum tipo de passatempo, amar e ser amado, tudo isto ajuda a combater o stress em todas as etapas da vida.

O stress masculino e feminino

Pesquisas que temos realizado através dos anos indicam que existe um número maior de mulheres do que homens com stress em todos os grupos que foram avaliados. Isto se refere a todas as profissões testadas, e também a todas as faixas etária. Nossa pesquisa, na busca de quando a diferença entre homens e mulheres começa, no que se refere ao stress, revelou que desde a primeira série do ensino fundamental, já se encontra mais meninas com stress do que meninos. Verificamos também que esta diferença se mantém com adolescentes, universitários e adultos. O que seria responsável por este resultado?

Não se sabe com certeza a resposta para isto, porém desconfia-se que uma grande parte do stress feminino possa ser atribuído às expectativas da sociedade que levam a mulher a uma luta contínua para preencher com perfeição vários papéis ao mesmo tempo, como o de ser humano competente, de mãe e filha amorosa, de esposa exemplar, de mulher sensual etc. O stress feminino se deve, pelo menos em parte, ao modo como se aprende a ser mulher. A pressão da sociedade para que as meninas, desde bem pequenas, aprendam um papel que foi há anos atrás determinado para as mulheres é inaceitável. Basta ver como, desde cedo, a menina tem que aprender a se expressar no masculino. Outro ponto a ser observado é que quase todos os livros escolares mostram os heróis como sendo sempre do sexo masculino. O que é valorizado é a força, a coragem, às vezes até a brutalidade, como nas guerras, que são características masculinas. Os heróis não são valorizados pela bondade, doação, sensibilidade, ternura que são mais características femininas. Talvez por isto muitas mulheres se exaurem na tentativa de serem muito boazinhas, desprendidas, disponíveis e sem desejos próprios. Existem muitos preconceitos, modos de pensar, rígidos e que prejudicam as mulheres. A própria mãe, às vezes, adota uma postura que parece "machista" exigindo de filhos e filhas comportamentos diferentes de acordo com padrões que não fazem sentido. A verdade é que uma das grandes fontes do stress feminino é o padrão arcaico, ultrapassado, de comportamento que se espera das mulheres. Ainda se espera que a mulher pense, sinta e se comporte de acordo com uma imagem que a sociedade criou para ela. Começa com o modo que se aprende a ser menina e depois se continua com o modo como a sociedade espera que sejam mulheres, namoradas, esposas, trabalhadoras e membros da comunidade. Só que hoje em dia a mulher brasileira já descobriu que tem sentimentos próprios, tem inteligência, capacidade, determinação e sabe se autodeterminar. Na luta pela sua igualdade e independência, a mulher pode sofrer o efeito do stress excessivo e por isto precisa sempre estar atenta para prevenir e controlar o stress em sua vida.

O stress masculino também deve ser considerado com preocupação. Na maioria das vezes, a ocupação é um dos principais estressores, porém, há outros que também contribuem, como: responsabilidade financeira, ter que assumir algumas tarefas que a sociedade espera que o homem assuma, mesmo que ele não tenha condição de fazê-lo, mudanças de papéis do que compete ao homem pós-moderno, a própria independência feminina, os papéis sexuais, etc.

Atualmente com o ingresso da mulher no trabalho, a responsabilidade financeira para sustento da família deixou de ser unicamente do homem. Marido e mulher dividem essa responsabilidade, até porque muitas mulheres têm salários maiores do que o do marido. Mas, se de um lado isto aliviou o stress dos homens, de outro lado criou também outro tipo de stress, pois agora se espera deles um comportamento mais andrógeno, em que é importante cuidar dos filhos e da casa tanto quanto a mulher.

Estamos em um período de transição de valores, ética e moral onde as mudanças estão ocorrendo com uma rapidez imensa. É natural que o stress dessas mudanças afete homens e mulheres. A teoria da evolução mostra que, em momentos de grandes mudanças, só sobrevivem os melhores, os mais equipados para lidarem com o que é novo, aqueles que desenvolvem mecanismos de enfrentamento, aqueles que aprendem a viver com a mudança e se adaptam. Os que não conseguem uma adaptação ao que está ocorrendo ao seu redor não sobrevivem no mundo em mutação constante. A sobrevivência será daqueles que estão se adaptando e mudando seu modo de reagir aos agentes estressores. Por isto é fundamental aprender estratégias de enfrentamento que facilitem lidar com o stress do mundo moderno. Deste aprendizado, surgirá uma sociedade mais forte para enfrentar as dificuldades da vida, formada de adultos e crianças que consigam se adaptar às exigências do mundo moderno e que possam usufruir de uma vida de real qualidade.

Como prevenir

A PREVENÇÃO DO ESTADO DE STRESS patológico pode, na grande maioria das vezes, ser realizada com muita facilidade e deve ser iniciada na infância. Atitudes parentais tranqüilas, educativas em vez de simplesmente punitivas, ajudam a moldar um modo de ver o mundo como um ambiente seguro no qual se viver. Disciplina extremista, seja com permissividade em excesso ou inflexibilidade constante, pode contribuir para a formação de uma personalidade vulnerável ao stress. Quando os pais são muito rígidos e punitivos, os filhos desenvolvem auto-imagem negativa, e passam a temer a crítica. Conseqüentemente, muitos desenvolvem a crença irracional de que precisam fazer tudo muito bem feito e devem tentar sempre agradar aos outros. Deixam de ser juízes do seu próprio comportamento e passam a se gerenciar pela opinião dos outros. Esta é uma fonte interna de stress de grande magnitude. Muitas destas crianças acabam desenvolvendo fobias de algum tipo. Por outro lado, pais muito permissivos, que não disciplinam seus filhos, que não impõem limites e deixam a criança ou adolescente, ainda imaturo, decidir sua própria vida, podem criar filhos ansiosos, pois são levados a tomar decisões quando ainda não estão prontos para isto. Os pais devem lembrar que cabe a eles a responsabilidade principal de educar e guiar seus filhos. Assim, a prevenção do stress deve se iniciar com práticas parentais equilibradas, com pais que não temem desagradar aos filhos ao lhes imporem limites e disciplina, pais que ouçam os problemas dos filhos com calma, sem pavores, e que em vez de tomarem decisões por eles, os ajudem a encontrar seu caminho. Nestes casos a criança ou adolescente é levado a procurar soluções para os problemas com tranqüilidade, sentindo que possuem adultos que ao mesmo tempo lhe dão liberdade de pensar e agir, também estão ativamente presentes para intervirem e ajudarem, nos casos de necessidade. Quando o adulto reage com ansiedade aos embates da vida, os filhos aprendem a agir assim também. O mundo passa a ser um lugar ameaçador e o stress pode se tornar um companheiro freqüente, pois a ansiedade é uma fonte importante de stress no ser humano. Em uma família que responde aos estressores da vida de modo tranqüilo e adequado, as estratégias positivas de enfrentamento são aprendidas naturalmente.

Há casos, no entanto, em que, mesmo tendo recebido práticas parentais adequadas, a pessoa tem dificuldades de lidar com a vida. Isto pode ocorrer devido a uma possível vulnerabilidade do sistema límbico, o centro controlador das emoções, que em muito determina a dimensão das nossas reações emocionais. Outras vezes, mesmo sendo criado por pais adequados, em ambiente amoroso e firme, é possível desenvolver stress se os eventos da vida forem de uma dimensão que ultrapassem a habilidade natural da pessoa, como no caso de seqüestro, mortes, perdas significativas, acidentes, doenças, atos de terrorismo ou acidentes naturais, como terremoto, incêndio, etc. Mas mesmo nessas situações quem souber lidar com a tensão, conseguirá lidar com elas de modo mais eficiente e se recuperará mais rapidamente.

O importante para a prevenção do stress é saber, e utilizar, quando necessário, estratégias de enfrentamento que capacitem lidar com os estressores de modo mais tranqüilo e eficiente. Essas estratégias podem ser aprendidas em qualquer momento da vida, pois a reação que temos à vida é produto de aprendizagem. Se o modo que olharmos a vida nos cria stress, é possível desaprender os maus hábitos e aprender novos valores, novos modos de pensar e encarar a vida que sejam mais positivos e que, portanto, não permitam que o stress fique excessivo.

Uma maneira eficaz de prevenir o stress é cultivar hábitos de vida adequados, como a prática de esportes, passatempos, leitura e o autocuidado no geral e, acima de tudo, a prática do bom pensamento. Na realidade um modo eficaz de evitar o stress é ver o lado positivo de tudo, isto é, quando algo inevitável ocorrer em sua vida, tente lhe dar a interpretação mais otimista possível. Até a perda de um emprego pode significar "uma chance de encontrar outro melhor", em vez de ser interpretada como uma tragédia, o que causaria um stress extraordinário. Não se recrimine por erros cometidos e irreparáveis nem se agonie com expectativas de que "tudo vai dar errado". Mantenha sempre uma visão otimista, porém realista, da vida, dos outros e de si próprio. Esperar demais de qualquer um é, inevitavelmente, expor-se a uma grande dose de decepção e stress.

Quanto ao stress oriundo de fontes externas, o melhor modo da pessoa se proteger é planejar sua vida de modo a que as mudanças que sejam previsíveis sejam espaçadas entre si. O inesperado, por essência, não é possível prever, portanto, nada há a fazer a não ser ter uma atitude de autoconfiança e acreditar em sua auto-eficácia.

O mais importante para se evitar o stress excessivo é conhecer seus limites e aprender a respeitá-los antes que o corpo reclame dos excessos e a mente se fragilize na luta contra o stress. A tentativa de transcender os limites pessoais em geral redunda em stress excessivo.

Como enfrentar o stress

Existem muitos métodos de controle do stress, sendo que a maioria objetiva reduzir a tensão física e mental, como massagens, yoga, acupuntura, etc. O método usado no Centro Psicológico de Controle do Stress utiliza o referencial da teoria cognitivo-comportamental e foi desenvolvido por nós em 1985 quando o CPCS foi fundado em Campinas, São Paulo. Atualmente, esta modalidade de tratamento é utilizada em todas as unidades do CPCS que se encontram em Campinas, São Paulo (2 unidades), Rio de Janeiro (2 unidades), Campo Grande, Fortaleza, João Pessoa, Recife e São José do Rio Preto. Ele objetiva, acima de tudo, habilitar a pessoa a lidar com os estressores de modo mais racional e eficaz.

Considerando que o desconforto gerado pelo stress é grande, com a pessoa apresentando tensão mental e física, doenças, dificuldades interpessoais, etc., o tratamento tem por meta capacitar a pessoa para lidar não só com os estressores, mas também com os sintomas apresentados, através de três abordagens coadjuvantes que são: relaxamento, exercício físico e alimentação anti-stress.

Mudança em estilo de vida é uma parte importante do tratamento do stress emocional que considera a reação que temos aos eventos como produto de aprendizagem. Se o modo como olharmos a vida nos cria stress, é possível desaprender os maus hábitos e aprender novos valores, novos modos de pensar e encarar a vida que sejam mais positivos e que, portanto, não permitam o surgimento do stress excessivo. Nosso tratamento para o stress apresenta um modelo psico-educativo e leva em consideração que o stress se manifesta de modo psico-emocional apresentando sintomatologia tanto na área física como psicológica. A parte fundamental do tratamento é a mudança cognitiva que ajuda a pessoa a perceber e sentir o mundo ao seu redor de modo mais apropriado. Objetiva também desenvolver estratégias de enfrentamento que sejam positivas e eficazes no gerenciamento de fontes externas de stress. Quando os estressores são internos, ligados ao modo de pensar e ser do indivíduo, se trabalha também a origem dos problemas. Neste caso a pessoa se torna capaz de mudar as cognições estressantes e adquire um modo de pensar e agir mais benéfico.

Uma das causas mais freqüentes trazidas para terapia é o luto por morte de alguém querido, por isto a seguir são apresentadas algumas idéias sobre como lidar com esta situação tão difícil para todos.

Como lidar com o stress do luto

O que é luto?

Uma reação normal que pode envolver tristeza, emoção, confusão, raiva, culpa que ocorre quando se perde alguém ou algo importante. Em geral o luto mais profundo começa uma semana após a perda, quando a pessoa já pode refletir sobre o que ocorreu.

Como o luto afeta a pessoa?

Na área psicológica: tristeza, depressão, confusão, raiva, culpa, sensação estranha, ansiedade.

Na área física: tremor, boca seca, enjôo, tontura, falta de apetite, dificuldade de respirar, fraqueza muscular, insônia.

Na área social: distanciamento ou apego excessivo.

A dor do luto é necessária, não a tente eliminar depressa demais. Devemos prestar atenção às reações físicas e emocionais e aceitá-las. A parte racional quer "esquecer" logo, porém a emocional precisa de tempo para poder elaborar o choque.

Etapas do luto: o luto ocorre de acordo com etapas já bem estudadas e conhecê-las ajuda um pouco a entender o processo pelo qual se está passando:

1. choque (anestesia emocional)
2. negação
3. negociação
4. culpa
5. raiva
6. depressão (às vezes)
7. aceitação da perda e de que sua vida (ou a situação) vai ser diferente para sempre
8. epílogo

Etapas da recuperação: a recuperação também se dá em etapas como se segue:

1. aceitar a perda
2. reconhecer as sensações físicas e emocionais do luto
3. se adaptar a viver sem a pessoa
4. continuar com a vida

O que fazer para lidar com o luto?

1. dê permissão a si mesmo para sentir o luto
2. compreenda sua reação (cada um tem seu próprio jeito de reagir)
3. fale sobre seus sentimentos com alguém que possa ouvi-la
4. não se critique por não voltar ao normal logo, logo
5. em vez de se perguntar por quê? Pergunte "o que vou fazer agora?"
6. reconheça que o sofrimento não vai durar para sempre
7. permita-se parar de sentir a perda com a intensidade anterior, descanse bastante
8. saiba que vai sobreviver
9. cuide de um animal ou planta
10. ajude alguém que precise
11. não tome decisões importantes
12. procure estar com outras pessoas
13. coma regularmente
14. não se esforce demais
15. tente seguir a sua rotina
16. faça coisas agradáveis

17. lembre-se de coisas positivas da pessoa que se foi, dos momentos agradáveis, do bem que ela fez
18. mantenha contato com quem se foi, isto é, quando sentir vontade, "converse" mentalmente com a pessoa, imagine a opinião dela sobre certos eventos, isto a ajudará a lidar com a falta que está sentindo

Muitas outras situações subjetivas ocorrem e são fontes em potencial de stress, mas independentemente do estressor ser interno ou externo, nossa reação a ela pode ser minimizada pelo uso de estratégias de enfrentamento que aprendemos na infância ou que adquirirmos em terapia ou em contato com as experiências da vida. Todos, em qualquer faixa etária, podem desenvolver essas estratégias.

Estratégias de enfrentamento do stress

As estratégias de controle do stress se dividem basicamente em dois tipos: (a) as de curto prazo que visam a redução dos sintomas e do desconforto gerado pela tensão e (b) as de longo prazo que almejam eliminar ou gerenciar as causas do stress. As primeiras são muito úteis porque o desconforto gerado pela tensão física e mental é muito grande e, como trabalhar as causas do problema demora algum tempo e esforço, é recomendável que se tente reduzir os sintomas enquanto vai tentando identificar e gerenciar as causas. Porém elas sozinhas não resolverão o problema do stress. Necessário se torna investigar uma série de fatores para conseguir de fato lidar com ele. Não utilize as técnicas em curto prazo, como o único meio para enfrentar o stress, aprenda as outras técnicas que lhe darão alívio mais permanente.

Estratégias de curto prazo:

São as medidas que envolvem redução de tensão física e mental, irritabilidade, desconforto estomacal, sudorese excessiva, insônia. Elas são úteis, pois podem impedir que o stress se intensifique e gere problemas mais graves. Essas medidas envolvem em geral exercícios físicos, respiração profunda e relaxamento.

Estratégias de longo prazo:

São as que realmente resolvem o problema. Elas envolvem:
1. identificar a fonte estressora,
2. analisar se ela pode ou deve ser eliminada de sua vida
3. tomar medidas que possibilitem afastar as fontes estressoras possíveis de serem eliminadas
4. aprender a lidar com o que não pode ser mudado ou eliminado
5. reestruturar os pensamentos criadores de tensão e infelicidade
6. aprender a controlar a ansiedade, frustração, raiva, obsessividade e o perfeccionismo e
7. criar uma estabilidade emocional

É importante manter uma atitude positiva perante a vida, procurando sempre ver o lado bom das coisas. Deve-se levar alguns momentos para refletir nas nossas prioridades, naquilo que queremos alcançar de fato na vida. Muitas vezes nos perdemos em detalhes sem importância deixando de lado coisas realmente relevantes. Controlar a pressa, a corrida contra o relógio também é fundamental. Além disto, se recomenda que a pessoa passe a curtir o processo do "ser", do "existir" em si, em vez de só se preocupar com o "fazer". É bom lembrar que não se pode ser sempre amado e admirado por todos.

Um outro modo de se entender as estratégias de enfrentamento é classificá-las como: estratégias pró-ativas, cognitivas, de aceitação ou emocionais.

Estratégias pró-ativas:

Podem ser usadas quando é possível ter algum controle da situação, são voltadas para a resolução do problema, procura-se eliminar ou mudar o estressor ou a situação. São de grande eficácia, pois levam a pessoa a atuar em seu ambiente, modificando-o e portanto eliminando ou modificando os estressores. Dão origem a uma sensação de auto-eficácia, auto-suficiência e poder. São a primeira escolha das pessoas que lidam bem com o stress.

Estratégias cognitivas:

Usadas quando não é possível ter controle ou mudar a situação, mas é possível mudar o modo de interpretar ou sentir perante o estressor, são voltadas para a reinterpretação do evento ou de nossos sentimentos. Trazem tranqüilidade, porém não geram mudanças na situação estressante.

Estratégias de aceitação:

Utilizadas quando não é possível nem mudar o evento, nem nossos sentimentos, quando não se tem qualquer controle da situação e a prioridade é a sobrevivência.

Estratégias emocionais:

São consideradas as menos eficazes e são utilizadas por pessoas que em vez de tentarem resolver os problemas geradores de stress, concentram nas próprias emoções, descrevem a situação estressora várias vezes e se estressam mais ainda focando cada vez mais no que estão sentindo. Não mudam o ambiente nem mudam a interpretação do mesmo. Funcionam para que as pessoas possam ventilar seus sentimentos.

Além das estratégias de enfrentamento, há determinadas atitudes e comportamentos que nos ajudam a viver mais felizes, como:

- *participando de comemorações familiares*
- *envolvendo-se com atividades comunitárias*
- *valorizando o seu próprio prazer*
- *estabelecendo prioridades*
- *aprendendo a dizer "não"*
- *entrando em contato com os próprios sentimentos*
- *compreendendo que o trabalho não é para sempre*
- *moderando sua dedicação ao trabalho*

Medidas coadjuvantes para o controle do stress

As técnicas descritas nas sessões anteriores objetivam levar a pessoa a lidar com a sua fonte de stress. Mas como em geral isto leva algum tempo, há a necessidade de que se lide também com os sintomas de tensão, a fim de se reduzir o mal-estar do momento. Algumas das medidas práticas que você mesmo pode tomar para ajudar a eliminar ou aliviar os sintomas são:

Praticar Exercícios Físicos
Programar uma alimentação anti-stress
Fazer relaxamento

Exercício físico: uma das medidas principais para o alívio do stress

A prática regular do exercício físico tem se mostrado fundamental para a manutenção de uma vida saudável. Estudos mostram uma íntima relação entre a prática regular de atividade física e os níveis de saúde. O exercício ajuda a evitar uma série de problemas de saúde, tanto físicos como psicológicos, e se constitui em um importante pilar para o controle do stress.

Paradoxalmente, ao mesmo tempo em que cada vez mais a atividade física é valorizada, o mundo atual tem contribuído para o sedentarismo. O uso do computador, do carro, controle-remoto, telefone celular, dentre outros avanços científicos, geram a possibilidade de se resolver uma série de necessidades sem deslocamento físico. Você pode se perguntar agora: Mas como viver sem isso tudo? Mas podemos também nos perguntar: Mas como sobreviver com isso tudo? E a resposta é que os avanços de fato são imprescindíveis, mas deve-se saber administrá-los de modo que não sejam usados contra nós e sim a favor. Logo, para abrir mão do sedentarismo, sem acreditar que está perdendo tantas coisas boas que a ciência tem nos trazido, é preciso entender como o exercício físico pode contribuir para uma melhor qualidade de vida e ajudar no controle do stress.

Todos nós ouvimos, constantemente, na mídia e nos consultórios médicos, sobre a importância do exercício físico. Mas por que é tão difícil incluí-lo na rotina do dia-a-dia? Será que apesar dos danos associados ao sedentarismo, ele ainda é mais gratificante para algumas pessoas do que fazer um exercício físico mesmo sabendo que depois de realizá-lo a pessoa se sentirá mais alegre e disposta? É o que parece quando observamos a dificuldade que algumas pessoas têm de aderir à prática da atividade física regular. A compreensão para esta questão nos leva a pensar que talvez não adiante apenas sabermos sobre a importância do exercício físico. Parece fundamental buscarmos uma maior conscientização sobre os ganhos do exercício físico como uma atividade regular e, também, entendermos sobre alguns aspectos psicológicos que devem ser considerados para que esse tipo de atividade seja um prazer e não mais um estressor em nossa vida. Convém lembrar, que para que o exercício físico seja benéfico, é importante que seja feito dentro das condições de saúde da pessoa e após aprovação médica. Só assim, os benefícios podem ser garantidos.

Vamos aqui tratar desses pontos, de modo que possamos contribuir para a adesão à atividade física de modo prazeroso e, com isso, garantirmos que um dos pilares do controle do stress se fortaleça para ajudar a sustentar uma boa qualidade de vida.

Por que fazer exercício físico regular?

Na infância e adolescência o exercício físico é fundamental para o crescimento e um bom desenvolvimento. Além disso, ajuda a que a pessoa, desde cedo, tenha uma postura favorável a um comportamento físico ativo ao longo da vida. Mais tarde, então, introduzir o exercício físico, de forma regular no dia-a-dia será mais fácil.

Estudos científicos têm revelado que a prática regular de exercício físico tem importante função em uma série de processos orgânicos de modo a contribuir para manter o equilíbrio e a saúde. Muitos desses estudos são feitos com pacientes com doenças crônicas diversas, como hipertensão e diabetes, e mostram os benefícios da prática da atividade física para os mesmos, assim como também revelam como a falta de exercício físico contribui para o desenvolvimento de tais doenças. Especialmente, vários estudos defendem o exercício físico como importante na prevenção de doenças crônicas.

Várias alterações fisiológicas ocorrem a partir da prática regular de exercício físico e que podem agir favorecendo a saúde e o controle do stress. Uma importante contribuição do exercício físico no controle do stress é a produção das endorfinas. As endorfinas são substâncias naturais, produzidas pelo cérebro em decorrência de certos estímulos, dentre estes, o exercício físico. Após certo tempo de exercício físico, o cérebro começa a produzir endorfinas, o que gera diminuição da dor, traz uma sensação de prazer, de relaxamento e bem-estar. Existem vários tipos de endorfinas, sendo que a beta-endorfina é a que está mais associada aos efeitos citados. As beta-endorfinas têm efeito sobre áreas cerebrais responsáveis pela modulação da dor, do humor, da depressão e da ansiedade. Segundo cientistas, as endorfinas podem também melhorar a memória, aumentar a resistência, aumentar a disposição física e mental, melhorar o sistema imunológico, dentre outros benefícios. Por tudo isso, o exercício físico é um importante recurso contra os efeitos do stress excessivo.

A partir de pesquisas científicas os especialistas têm relatado, dentre outros, os seguintes benefícios obtidos com a prática regular de exercícios físicos:

1. ajuda a controlar o peso

2. melhora a resistência ao esforço

3. aumenta a energia

4. gera sensação de bem-estar geral

5. diminui o risco de morte prematura

6. reduz o risco de hipertensão arterial e ajuda no controle da hipertensão

7. melhora a resistência óssea

8. reduz o risco de depressão e ansiedade e ajuda no tratamento

9. reduz o risco e melhora o controle de diabetes

10. reduz o risco de câncer

11. diminui as taxas de gordura e açúcar no sangue

12. eleva o chamado "bom colesterol"

13. aumenta a auto-estima

14. ajuda no controle e na prevenção do stress excessivo

Como garantir os benefícios da prática do exercício físico?

Para que os benefícios da prática do exercício físico sejam garantidos, uma série de questões precisa ser considerada. Antes de qualquer coisa é necessário que haja uma reflexão quanto à sua conscientização sobre a importância do exercício físico e quanto tal atividade é uma prioridade em sua vida. Caso perceba que o exercício físico se tornará mais um peso e que o sedentarismo lhe parece a melhor escolha no momento, pare e procure buscar mais informações sobre o assunto. Reflita mais um pouco em como está seu estilo de vida e o que pretende para si mesmo em termos de saúde. Faça uma lista das vantagens e das desvantagens da introdução do exercício em sua vida, como no exemplo do Quadro 18.

QUADRO 18. **Liste vantagens e desvantagens**

EXERCÍCIO FÍSICO REGULAR	
VANTAGENS	DESVANTAGENS
Exemplo: Maior vigor físico	Exemplo: Ter que arranjar tempo
Perda de peso	Ter que deixar de sair com os amigos no meio da semana
Regular a pressão arterial	

Após isso feito e concluindo que há mais vantagens do que desvantagens em aderir a prática do exercício físico, antes de começar leve em conta os pontos abaixo listados:

1. Faça uma consulta médica para se certificar da possibilidade de realizar exercícios físicos no momento e quanto ao tipo de exercício apropriado para seu caso; faça os exames prescritos e só inicie após a aprovação do médico; outra opção é procurar um professor de educação física para orientá-lo.

2. Procure escrever sobre o seu dia-a-dia e os horários em que realiza as diversas tarefas para verificar que tempo, de fato, tem disponível para a prática do exercício físico regular.

3. Caso perceba que não tem disponibilidade de tempo para o exercício, pense no que pode mudar na sua rotina para que seja possível incluir o exercício físico; algumas pessoas só conseguem realizá-lo em casa através de aparelhos como a esteira, por exemplo. Essa opção nem sempre é a melhor, pois o fato de saber que tem à sua disposição a qualquer hora a possibilidade de realizar o exercício, muitas vezes gera uma acomodação que prejudica a adesão.

4. Após definir o horário que poderá disponibilizar para tal atividade, é importante pensar no tipo de exercício que será mais agradável para você. Não se deixe influenciar por modismos ou por facilidades de local ou horário, pois se não houver prazer não haverá adesão; para decidir o tipo de atividade física que dará mais prazer, procure pensar na sua personalidade e procure identificar o que combina mais com seu jeito de ser.

5. Agora que já se conscientizou da necessidade, colocou como uma prioridade, encaixou na sua rotina e decidiu o tipo de atividade, procure um local que seja viável e que tenha menor custo de tempo e de locomoção. A questão financeira também precisa ser pensada, é claro. Você pode optar por uma academia perto de casa ou do trabalho, por exemplo. Pode ter como critério de escolha o local mais acessível financeiramente ou, quem sabe, um local mais agradável, com mais conforto etc. Se sua escolha for uma caminhada matinal ou ao entardecer, escolha um local prazeroso.

6. Ao iniciar a atividade, procure começar devagar, não desejando "ir com muita sede ao pote". Respeite seus limites. Do contrário, desistirá rapidamente.

7. Faça um plano de metas, procurando estabelecer objetivos a curto e longo prazos e vibre com cada meta alcançada. Por exemplo, você pode estabelecer que iniciará fazendo o exercício por 20 minutos por dia de atividade durante uma semana. Depois de atingido o objetivo, passe para 30 minutos e, assim sucessivamente, até atingir o tempo de 60 minutos cada dia; claro que em alguns casos esse plano deve ser realizado pelo médico; anote numa tabela o dia, o tipo de atividade física realizada e quanto de prazer está sentindo ao acabar numa escala de 0 a 10, sendo 0 falta de prazer total e 10 o prazer máximo. Assim você poderá perceber mais claramente o bem-estar após a atividade física e também o horário e os dias em que se sentiu *melhor*. Poderá, então, pensar sobre o melhor horário e tipo de atividade para você, ou seja, o que lhe dá maior prazer. Veja o exemplo no Quadro 19.

8. Vá prestando atenção em como se sente após cada dia de atividade e a cada dia antes de iniciar o exercício procure lembrar-se do bem-estar experimentado no dia anterior.

9. Procure sempre usar roupas e calçados confortáveis e apropriados para a atividade escolhida para que garanta o bem-estar durante e após o exercício.

10. Não deixe de procurar o médico caso perceba algum mal-estar durante ou após a realização da atividade física.

Quadro 19. Plano de metas

Dia	Hora	Tipo de exercício	Grau de prazer (0 a 10)
Exemplo: 2ª feira	07h30min	Caminhada – 40 minutos	7
3ª feira	19h00	Caminhada – 60 minutos	9

A prática de exercício físico depende de persistência, conscientização da sua importância, de um bom plano de atividades, assim como de condições controladas. Após iniciada, os próprios resultados e benefícios percebidos se encarregarão de ajudar na adesão. Portanto, após tomar as medidas aqui discutidas, comece sua atividade física e perceba a cada dia os ganhos que surgem e tenha a certeza de que estará ajudando a controlar o seu próprio stress e a ter uma melhor qualidade de vida. Caso necessite de maior ajuda para implementar um programa regular de exercícios físicos, não hesite em procurar um educador físico que poderá auxiliá-lo a programar algo mais específico para o seu caso.

A importância da alimentação no controle do stress[1]

O tratamento para o stress que o Centro Psicológico de Controle do Stress desenvolveu, e que é usado nos dez locais onde esta clínica existe, inclui uma orientação nutricional voltada para a reposição de nutrientes que, se

---

[1] A nutricionista Mariana Fernandes Costa, do Centro Psicológico de Controle do Stress do Rio de Janeiro (Unidade Centro), foi consultora na elaboração deste capítulo.

acredita, sejam necessários para o enfrentamento do stress. No combate ao stress, nosso organismo pode ficar debilitado, carente de vitaminas do complexo B, vitamina C, Magnésio, Manganês, Ferro, Cálcio e outros nutrientes que são utilizados e absorvidos pela mobilização muscular, cardiovascular e desgaste do sistema nervoso. Se não houver uma reposição destas substâncias, corre-se o risco de se potencializar o aparecimento de alguma doença. Deste modo, existe a necessidade de suprirmos esse desgaste com uma alimentação rica em nutrientes anti-stress que supram os elementos deficitários. Isto inclui não só as vitaminas, mas também outros nutrientes, como ferro, manganês e cálcio.

As vitaminas são exigidas pelo corpo em quantidades mínimas (centésimos de grama, em muitos casos) e podemos obter as quantidades necessárias de alimentos e de bebidas. Elas podem ser lipossolúveis ou hidrossolúveis. As lipossolúveis são as vitaminas A, D, E e K. As hidrossolúveis incluem a vitamina C e o complexo B que se ingeridas em excesso, são eliminadas pela urina.

Há também alguns alimentos que os pesquisadores da área alertam quanto ao seu potencial para agravar os efeitos do stress no organismo. O Quadro 20 apresenta alguns desses alimentos.

Quadro 20. Alimentos que potencializam o stress

- Café, mate, guaraná, chá escuro e refrigerantes: Estimulam o sistema nervoso.
- Excesso de doces e açúcares: Provocam pique energético seguido de efeito contrário, com sonolência e desânimo.
- Sal refinado: Agrava a hipertensão.

A alimentação, quando rica em nutrientes essenciais, tem sido considerada uma forte aliada no combate ao stress, ao contrário de alimentos industrializados e refinados que são um combustível para o stress. Buscando formas de ajudar aqueles que querem aprofundar seus conhecimentos no combate aos efeitos negativos da vida moderna, apresentamos no Quadro 21 algumas recomendações dietéticas que podem ajudar no controle do stress.

QUADRO 21. Alimentos que aliviam o stress

- Leite e derivados: Rico em Cálcio, falicitador do relaxamento muscular.
- Castanha-do-pará: Uma unidade supre a necessidade diária de selênio.
- Peixes como salmão, sardinha e atum: Contêm ômega 3, que faz parte da membrana sináptica, é antioxidante e protetor cardiovascular.
- Soja, carne bovina magra, farelo de arroz: Contêm biotina.
- Banana, figo e tâmara: Ricos em triptofano, precursor da serotonina.
- Alface, acelga: Possuem uma substância chamada lactina, que é um calmante natural.
- Laranja e limão: Contêm vitamina C que é antioxidante e reduz queda de cabelo e manchas na pele.
- Brócolis, feijão, espinafre: Contêm ferro.
- Verduras e frutas: Quando consumidas cruas ou cozidas no vapor são ricas em vitaminas do complexo B e vitamina C, além de minerais como magnésio e manganês.

Vitaminas do complexo B

As vitaminas do complexo B são muito utilizadas no combate ao stress. Vale ressaltar que sua deficiência está associada a várias dificuldades em nosso organismo, tais como falhas no fornecimento energético, perda de apetite, prisão de ventre, irritabilidade, fadiga, instabilidade emocional, tensão e fadiga dos olhos, coceira, sensibilidade à luz, dores de cabeça, lesões dermatológicas em áreas de exposição ao sol, diarréia, insônia, apatia, irritação nervosa, anemia, cálculos renais, dores musculares, náusea, depressão, emagrecimento, perda e embranquecimento de cabelo, úlcera no trato intestinal, danificação de diversos órgãos internos e alterações no eletrocardiograma, entre outros. O Quadro 22 mostra vários alimentos que contêm vitaminas do complexo B.

Vitamina C

É uma vitamina solúvel em água, que se desgasta rapidamente no organismo; tem múltiplas ações e é indispensável à formação do tecido conjuntivo.

A vitamina C é importante para o ser humano, pois é vital para a produção de colágeno. Ela também ajuda a proteger as vitaminas A e E da oxidação. A vitamina C previne e cura o escorbuto e pode ser benéfica no auxílio do tratamento da anemia.

QUADRO 22. Fontes principais de vitaminas do complexo B

Abacate	Carne de vaca	Manga
Abacaxi	Castanha-de-caju e do pará	Maçã
Abóbora	Cenoura	Mel
Abricó	Cerveja	Melão
Abobrinha	Coco	Melancia
Acelga	Couve (cozida)	Miolos
Alface	Chuchu	Morango
Alho	Ervilha verde (cozida)*	Ovo*
Ameixa	Espinafre*	Ovo cozido*
Amêndoa	Farinha de soja	Pepino
Amendoim cru*	Feijão (cozido)	Pêssego enlatado
Arroz comum	Fígado de porco*	Presunto cozido
Arroz integral	Fígado de vaca*	Queijo suíço e provolone
Azeitona preta	Framboesa	Rabanete
Bacalhau seco salgado	Frango	Repolho*
Banana	Laranja*	Salsão
Batata frita	Lentilhas*	Sardinha enlatada
Berinjela	Lêvedo de cerveja	Tomate
Beterraba	Lima-da-pérsia	Vagem
Brócolis (cozido)	Mandioca	Uvas
Carambola	Mamão	Uvas passa
Carne de porco		

(*) Alimentos mais ricos dessas vitaminas.

Fonte: Como Enfrentar o Stress de Marilda Lipp e colaboradores.

Na ausência da vitamina C, podem ocorrer: problemas de cicatrização (manchas arroxeadas), inchaços, perda de cabelos, dor nas articulações, fraqueza muscular, hemorragia por fragilidade capilar e por interferência na coagulação do sangue, parada de crescimento nos jovens, formação óssea e dentária insuficiente e maior suscetibilidade às infecções. A vitamina C é indispensável à vida do ser humano e quando não apresentada em uma dosagem necessária, o corpo e a mente enfrentam grandes dificuldades nas situações de estresse.

Os nutricionistas sugerem que a dose recomendada de vitamina C é de 60 a 90 mg por dia. Homens devem consumir mais do que as mulheres. Além disso, os fumantes devem consumir todos os dias 35 mg de vitamina C a mais do que um adulto não fumante. Isso porque o fumo diminui os níveis de vitamina C no organismo.

A vitamina C é encontrada em frutas cítricas como laranjas, limões e tangerinas e em vegetais como tomates, pimentões, batatas e outros. Ela é facilmente perdida durante a preparação dos alimentos: durante o corte, exposição ao ar, cozimento, fervura e ao ficar de molho em água. A quantidade de vitamina C é tão alta na maioria dos alimentos que a quantidade que resta após o preparo costuma ser suficiente para suprir as necessidades diárias.

Cálcio

Outro nutriente de grande importância em uma alimentação saudável é o cálcio. Essencial na formação dos ossos e dentes, o mineral pode ser consumido sem necessidade de suplementos. Basta uma dieta equilibrada e vitamina D para ajudar em sua absorção.

Estudos demonstram que há uma relação inversa entre o nível de cálcio no organismo e a pressão sangüínea. O cálcio ajuda a regulá-la, prevenindo a hipertensão. Além disso, com o potássio e o magnésio, atua na contração e no relaxamento dos músculos, auxiliando também a transmissão de impulsos nervosos. Alguns especialistas dizem que o cálcio seria até capaz de aliviar sintomas da tensão pré-menstrual e de reduzir níveis de colesterol. O cálcio é também importante na absorção da vitamina B no organismo.

A ingestão diária recomendada (IDR) de cálcio varia de acordo com a faixa etária. De um a três anos, as crianças devem ingerir 500mg do mineral e, entre quatro e oito anos, são necessárias 800mg. A partir dos nove anos até a fase adulta, a ingestão diária recomendada passa a ser 1.300mg. Deste período aos 50 anos, a recomendação diária cai para 1.000mg. Mas, a partir desta idade, a reabsorção de cálcio pelo organismo diminui, havendo necessidade de maior consumo a fim de combater o desgaste dos ossos. Para pessoas acima desta idade, a ingestão, de acordo com os nutricionistas, deve ser de 1.200mg por dia. O Quadro 23 mostra alguns alimentos ricos em cálcio.

QUADRO 23. Principais fontes de cálcio: por 100 g de alimento

Alimento	Cálcio
Agrião	117mg.
Amêndoa	254mg.
Bertalha	346mg.
Beterraba (folhas)	114mg.
Brócolis (flores)	116mg.
Camarão seco salgado	684mg.
Castanha-do-pará	172mg.
Coalhada	490mg.
Couve manteiga	252mg.
Doce de leite	176mg.
Gergelim (sementes)	1212mg.
Iogurte	111mg.
Farinha Láctea	260mg.
Feijão branco	476mg.
Feijão preto	145mg.
Figo seco	223mg.
Leite de cabra	190mg.
Leite condensado	273mg.
Leite desnatado em pó	1140mg.
Leite integral em pó	921mg.
Leite de vaca integral	152mg.
Nabo (folhas)	136mg.
Queijo branco fresco	162mg.
Queijo duro Minas	700mg
Queijo parmesão	950mg.
Queijo tipo suíço ou preto	925mg.
Rabanete (folhas)	238mg.
Requeijão	324mg.
Salsa	195mg.
Soja (farinha)	225mg.
Soja grão seco	222mg.
Tremoço	1087mg.

Fonte: Como Enfrentar o Stress de Marilda Lipp e colaboradores.

Magnésio

É um *elemento químico essencial* para o homem. A maior parte do magnésio no organismo é encontrada nos *ossos* e ele participa na formação de um número muito grande de enzimas no organismo humano, além de ter papel importante na produção e liberação de energia. Toda proteína formada em nosso corpo depende da presença do magnésio. Uma ingestão balanceada deste elemento ajuda a manter as artérias relaxadas, a pressão arterial baixa, os batimentos cardíacos regulares e promove uma maior tolerância ao stress. Pesquisas mostram que quando há deficiência de magnésio verifica-se ocorrência de sintomas neurológicos, assim como a anorexia, apatia e náusea, provocando ainda hiperatividade neuromuscular. Sua deficiência está associada também a crises compulsivas, arritmia cardíacas e até mesmo parada cardíaca.

Dependendo do peso e da altura, a quantidade diária necessária e recomendada é de 300 a 350mg, sendo que durante a gravidez e lactação a necessidade dietética recomendável é de 450mg por dia. Estas quantidades podem ser facilmente obtidas, já que é encontrado na maioria dos *alimentos*, principalmente nas folhas verdes das *hortaliças* que especialmente são ricas em magnésio.

O magnésio, em geral, é distribuído no corpo humano, de tal modo que de 10 a 17 gramas ficam no esqueleto, 10 gramas ou menos nos tecidos moles e 0,5 gramas no fluido extracelular.

Quadro 24. Principais fontes de magnésio: por 100g de alimento

Alimento	Magnésio
Alface	12,0mg.
Arroz cru	28,0mg.
Arroz cozido	8,0mg.
Amêndoas	12,8mg.
Avelãs	13,9mg.
Banana	33,0mg.
Batata (crua)	14,0mg.
Carne (crua)	16,0mg.
Castanha-do-pará	13,1mg.
Cenoura	9,4mg.
Espinafre	88,0mg.
Ervilha fresca	10,2mg.
Feijão (cru)	163,0mg.
Figos	5,7mg.
Farinha de soja	19,3mg.
Germe de trigo	27,6mg.
Laranja (suco)	8,2mg.
Leite integral	9,0mg.
Lentilhas	6,3mg.
Maçã (crua)	4,8mg.
Melancia	10,2mg.
Milho	9,8mg.
Ovo (inteiro)	9,8mg.
Pêssego	4,4mg.
Repolho roxo	4,7mg.
Tomate fresco	4,3mg.
Tomate (suco)	10,0mg.
Trigo (farinha)	27,0mg.
Uvas passas	5,3mg.

Ferro

O ferro é um nutriente essencial para nossa sobrevivência e atua principalmente na fabricação das células vermelhas do sangue e no transporte do oxigênio para todas as células do corpo. É fundamental para o crescimento saudável. Um nível adequado de ferro no organismo ajuda a melhorar a capacidade de aprendizagem de crianças, melhora a resistência às infecções e até evita o nascimento de bebês prematuros e com baixo peso.

O corpo de um adulto sadio contém cerca de 5 g de ferro. Embora esteja presente no corpo humano em quantidade tão pequena, suas funções são essenciais à vida e, em situações estressantes, o ferro colabora para manter o equilíbrio psicológico.

A cota recomendada para um homem adulto é 10mg por dia e para as mulheres 18mg por dia. Deficiência de ferro pode causar anemia ferropriva, fadiga, dores de cabeça, tontura e distúrbios gastrintestinais. A anemia ferropriva representa, provavelmente, o problema nutricional mais importante da população brasileira, com severas conseqüências econômicas e sociais. A redução da anemia por carência de ferro no Brasil está entre as diretrizes da Política Nacional de Alimentação.

O ferro pode ser encontrado em alimentos de origem vegetal, como os folhosos verde-escuros (exceto espinafre), agrião, couve, cheiro-verde; as leguminosas (feijões, fava, grão-de-bico, ervilha, lentilha); grãos integrais ou enriquecidos; nozes e castanhas, melado de cana-de-açúcar, rapadura e açúcar mascavo.

Quadro 25. Principais fontes de ferro: por 100g. de alimento

Abóbora (semente)	9,2mg
Acelga	3,6mg
Agrião	1,9mg
Alho	3,2mg
Amêndoa	4,4mg
Amendoim com pele	3,0mg
Arroz integral	2,6mg
Avelã	3,6mg
Bacalhau salgado	3,6mg
Bertalha	3,9mg
Beterraba (folhas)	3,1mg
Caldo de carne	9,0mg
Camarão seco salgado	4,9mg
Cambuquira	5,8mg
Carne de carneiro	2,5mg
Carne de peru	3,8mg
Carne de vaca	4,0mg
Carne de vaca salgada	7,9mg
Carne de vaca seca	9,7mg
Castanha-do-pará	5,0mg
Cebolinha	3,4mg
Chocolate doce	2,8mg
Chouriço	44,9mg
Coco ralado seco	3,6mg
Coração de vaca	5,4mg
Damasco seco	7,6mg
Gergelim (semente)	10,4mg
Grão-de-bico	7,3mg
Ervilha partida	5,8mg
Espinafre	3,2mg
Farinha Láctea	4,0mg
Feijão branco	11,9mg
Feijão comum	7,6mg
Fígado	5,3mg
Figo seco	3,1mg
Lentilha	7,0mg
Mostarda (folhas)	4,0mg
Nabo (folhas)	4,6mg
Rim de vaca	5,7mg
Soja (farinha)	8,8mg
Soja, grão seco	11,5mg
Tremoço	3,0mg
Uva passa	3,0mg

Hoje em dia, não se tem mais dúvida quanto a que saúde é a principal condição para que a qualidade de vida seja considerada boa, e para nos mantermos saudáveis durante toda a vida, necessário é entender a importância da manutenção de bons hábitos alimentares. Isto, muitas vezes, implica em mudança de hábitos antigos. O Quadro 26 apresenta algumas sugestões que os nutricionistas consideram importantes para a reestruturação alimentar.

Quadro 26. Sugestões gerais sobre hábitos alimentares saudáveis

- Prefira alimentos naturais, pratos coloridos, variedades de frutas, verduras e peixes
- Fracione sua dieta em 5 ou 6 refeições ao dia, com intervalos de 3 em 3 horas
- Lembre-se que a hora do almoço deve ser sagrada, principalmente para aqueles que estão sempre com pressa. Coma com calma, mastigue bem
- Desligue o celular e não trate de assuntos de trabalho durante a refeição
- Evite bebidas gasosas, alcoólicas, tabagismo e outras drogas
- Consuma refeições de pouco volume e sem muito líquido para não proporcionar digestão gástrica

O presente capítulo não teve por objetivo esgotar o assunto alimentação anti-stress, mas sim oferecer algumas sugestões que possam ser de auxílio no tratamento do stress. A pessoa interessada em mais detalhes deve procurar um nutricionista para orientações específicas que podem ser de ajuda no planejamento de mudança de hábitos alimentares.

O relaxamento e a respiração profunda, um importante pilar no controle do stress

"o relaxamento...é...uma maneira de viver"

Jacobson, 1957

Marta, 34 anos, casada, três filhos pequenos, tinha uma vida bastante agitada. Não sabia mais o que era parar para descansar, pois as demandas da sua vida, dos filhos e do marido, tomavam todo o seu dia. Começou a experimentar fortes dores nos ombros que a impediram de continuar sua rotina regularmente. O médico diagnosticou excesso de tensão física decorrente da sobrecarga da sua vida. Encaminhou Marta para psicoterapia e, a partir do tratamento com técnicas de relaxamento e respiração profunda, começou a tomar consciência do quanto estava sempre tensa fisicamente. Esse estado de tensão já fazia parte de sua vida, de tal modo que já não o percebia.

O que aconteceu com Marta é muito comum e, apesar do relaxamento ser uma atividade natural no ser humano e até nos animais, nós, seres humanos, acabamos por esquecer como relaxar e já nem prestamos mais atenção em nosso corpo e nas tensões acumuladas. No entanto, os animais são verdadeiros mestres na arte de relaxar. Observar os animais pode nos ser útil para que possamos concluir sobre a necessidade natural do relaxamento e, assim, nos empenharmos mais nessa atividade, começando por reaprender a relaxar.

É necessário que a pessoa, além de conhecer estratégias efetivas de relaxamento, aprenda a realizá-las e faça um treinamento regular. Desse modo poderá dominar suas tensões de maneira apropriada no momento em que estiver enfrentando estressores. Acreditar que sem treinamento é possível dominar a tensão e a ansiedade, e seus sintomas físicos e psicológicos, é uma ilusão. A pessoa precisa estar bem treinada para que tenha domínio sobre a técnica no momento do stress.

O relaxamento e a respiração profunda compõem um importante pilar no controle do stress, pois vão contribuir para uma desativação do sistema nervoso, de tal forma que alguns sintomas do stress vão ser minimizados ou, até mesmo, eliminados. A tensão muscular e a alteração na respiração estão presentes quando a pessoa enfrenta estados emocionais negativos. Experiências clínica e de pesquisa têm demonstrado que se a tensão muscular for eliminada e a respiração estiver regularizada, a pessoa pode alcançar um estado emocional agradável com mais facilidade e efetividade e, assim, estará mais preparada para enfrentar situações adversas ou de grande impacto emocional.

Existem várias estratégias de relaxamento e cada pessoa precisa conhecer aquela que tem maior efeito sobre si mesmo, sem esquecer que precisa ser uma atividade prazerosa. A conscientização sobre a necessidade do relaxamento e dos benefícios que essa atividade traz é fundamental para que a pessoa a inclua na sua rotina. É válido experimentar várias técnicas para que possa identificar aquela que traz o maior bem-estar para si mesmo. Importante também é a forma como a pessoa se propõe a fazer o relaxamento. Se for feita só para atender a uma "ordem" do profissional ou a uma auto-imposição pode gerar o pensamento *"Ainda **tenho** que relaxar"*, o qual vai, em si, levar a mais ativação fisiológica e, por melhor que seja a técnica, não vai contribuir em todo o seu potencial.

Como produzir uma atitude favorável para o relaxamento

Como citado, é importante uma atitude favorável para que se alcance um relaxamento efetivo. Para isso, após se estar conscientizado da importância de aprender a relaxar, é importante observar o próprio corpo e os pontos de tensão. As instruções no quadro a seguir podem ser úteis para essa auto-observação do corpo, a partir de uma observação dos estímulos externos e internos buscando identificar áreas de tensão. Ao exercitar a percepção do que é externo e do que é interno, o indivíduo pode aprender a perceber seu próprio corpo e identificar suas tensões, estando mais propenso ao relaxamento efetivo. Após fazer de algumas sessões da técnica constante do Quadro 27, o indivíduo poderá começar a exercitar uma técnica de relaxamento dentre as que serão aqui sugeridas, ou outra que o faça efetivamente relaxar.

QUADRO 27. Aprendendo a perceber a tensão

Percepção	Instruções
Percebendo o exterior	Comece a focar sua atenção no mundo externo e vá dizendo para si mesmo o que está percebendo. Por exemplo: "Estou percebendo a buzina do carro". "Estou vendo a cor amarela do envelope." "Estou percebendo o movimento dos galhos da árvore."
Percebendo o interior	Focalize sua atenção sobre seu corpo e as sensações do corpo. "Estou sentindo um aperto no estômago, meus dentes pressionados uns contra os outros, minha boca seca."
Percebendo o exterior/ interior	Focalize nos estímulos externos e nos internos alternadamente. Exemplo: "Estou percebendo o barulho do vento." "Estou percebendo meu estômago roncar." "Estou percebendo o azul do céu." "Estou percebendo minha boca seca."
\multicolumn{2}{c}{Após fazer esse exercício por vários momentos passe para o segundo passo}
Encontrando as tensões em seu corpo	Feche os seus olhos e pergunte a si mesmo: "Onde eu estou tenso?" Quando encontrar uma parte do corpo tensa exagere um pouco essa tensão. Perceba os músculos que estão tensos.

Técnicas de relaxamento

Existem várias técnicas de relaxamento, algumas mais voltadas para o relaxamento físico e outras mais para o relaxamento mental. Na verdade, todas vão levar o indivíduo a um relaxamento físico e mental, por vias diferentes. Todas são úteis, no entanto, cada pessoa deve encontrar aquela com a qual mais se identifica e sente mais efetividade no resultado. Além disso, é necessário que essa escolha seja adaptável ao dia-a-dia da pessoa e possa ser encaixada de modo a não funcionar como mais um estressor. A seguir serão apresentadas algumas estratégias de relaxamento que têm se mostrado bastante efetivas, no entanto, muitas outras são efetivas, tais como meditação, treinamento autógeno e auto-hipnose.

Relaxamento muscular progressivo (RMP):

O Dr. Edmund Jacobson criou na década de 20 a técnica Relaxamento Muscular Progressivo. Essa técnica que tem apresentado, desde então, excelentes resultados é de simples execução. É uma técnica que busca, através do relaxamento físico, atingir também o relaxamento da mente. O autor dessa técnica se baseou no princípio de que o corpo responde a pensamentos e eventos ansiogênicos com tensão muscular, a qual aumenta a experiência subjetiva de ansiedade. Além disso, a diminuição da ativação fisiológica atingida com o RMP é incompatível com a ansiedade e, assim, ajuda no controle da mesma. O fato do RMP se basear em contrações dos músculos seguidas do relaxamento dos mesmos, ajuda, gradativamente, o indivíduo a perceber no dia-a-dia quando está tenso e, assim, promover o relaxamento. O RMP pode ser realizado com a pessoa deitada ou sentada, sendo realizadas contrações de cada músculo por 5 a 8 segundos com subseqüente relaxamento por 15 a 20 segundos. Importante ressaltar que se algum músculo, particularmente, estiver especialmente difícil para relaxar, sugere-se repetir mais vezes o procedimento de contrair e relaxar essa área específica. A indicação original do RMP é de que cada músculo seja contraído e relaxado três vezes, no entanto, o dia-a-dia pode não permitir que seja feito dessa forma. Portanto, para aquelas pessoas que o tempo impede o relaxamento completo e ideal com três movimentos, sugere-se realizar apenas uma vez cada movimento. O indivíduo, depois de algum tempo, deve chegar a uma capacidade de comando imediato do relaxamento, sem ter que passar por uma contração prévia. O exercício a seguir é baseado no RMP de Jacobson e poderá trazer grandes benefícios se praticada regularmente. A seguir as instruções para o RMP.

"Num local calmo, sem ruídos, fique numa posição confortável, sentado ou deitado. Procure observar se há alguma roupa apertando, calçado desconfortável e, se for o caso, elimine o desconforto antes de iniciar a técnica. Fique com as costas retas, pernas e braços separados e soltos. Procure fechar os olhos, se desligando dos ruídos externos e prestando atenção em seu corpo, fazendo uma checagem em cada parte do seu corpo, procurando ver onde existe tensão. Verifique desde o couro cabeludo até os dedos dos pés. Faça isso por 30 segundos."

Passo 1: Braços e mãos – comece pelo seu lado dominante

Comece fechando a mão bem forte, num movimento de contração, de tensão. Dobre o punho dobrado para dentro, dobre o cotovelo, contraindo todo o braço e também o antebraço. Mantenha essa contração por 8 segundos. Preste atenção na tensão, no desconforto do movimento, mantendo os músculos do braço e mão bem contraídos. Após esse tempo, comece a soltar, relaxar, pousando o braço, deixando-o solto, assim como as mãos e os dedos. Observe a diferença, sentindo como é bom soltar e relaxar. Note como eles estão mais relaxados, soltos e pesados (15").

Siga o mesmo procedimento para a outra mão, braço e antebraço. Observe seus braços e mãos completamente relaxados e busque relaxar cada vez mais profundamente.

Passo 2: Área facial, pescoço, ombro e parte superior das costas

- Levante as sobrancelhas, tencionando o couro cabeludo e franzindo a testa por 8". Note a tensão e concentre-se no desconforto do movimento de tensão. Após esse tempo, solte e relaxe, deixe a testa lisa e livre de toda aquela tensão. Amoleça e descontraia e note o prazer do relaxamento (15").
- Agora feche os olhos, apertando bem, sentindo a tensão nessa área. Fique assim por 8", prestando atenção no desconforto em seus olhos. Agora relaxe os olhos, soltando, deixando os olhos suavemente fechados, amolecendo e sentindo o conforto do relaxamento em seus olhos, agora fechados sem pressão. Preste atenção por 15", note como é agradável relaxar os olhos.

- Preste atenção em seus maxilares. Pressione os dentes inferiores com força contra os superiores, e o lábio superior contra o inferior, num movimento de tensão e desconforto. Fique assim por 8", sentindo como é desagradável a tensão e a contração no maxilar. Agora relaxe, soltando os lábios e tirando a pressão dos maxilares. Procure deixar os lábios ligeiramente separados e aprecie a sensação de relaxamento nessa área por (15").

- Concentre-se na sua língua, pressionando-a contra o céu da boca, por 8". Agora solte a língua, voltando a uma posição relaxada, de modo que a sinta confortável (15").

- Concentrando-se em seus lábios, faça um movimento como um sorriso bem forçado. Imaginando que vai encostar os cantos da boca nas orelhas, mantendo esse movimento tenso por 8". Após esse tempo, procure soltar e relaxar, deixando toda a musculatura da sua face confortavelmente relaxada, agradavelmente relaxada. Fique assim por 15".

- Passando para o pescoço, faça o movimento de tensão, pressionando sua cabeça para trás tanto quanto possa, prestando atenção no desconforto que o movimento traz (8"). Agora volte à posição natural, vire a cabeça para o seu lado dominante, sentindo tensão no pescoço (8"). Agora vire para o outro lado (8"). Volte à posição natural e agora encoste seu queixo contra o peito (8").

Após realizar esses quatro movimentos de tensão, deixe sua cabeça e pescoço volte a uma posição confortável, procurando soltar e relaxar, prestando atenção no conforto do relaxamento, soltando cada vez mais (15").

Prestando atenção agora nos seus ombros, levante-os o máximo que puder, como se fosse esconder o pescoço. Deixe-os contraídos e bem tensos. Fique assim por 15". Após esse tempo, procure relaxar, soltar, de modo que fiquem bem pesados e caídos (15").

Ainda se concentrando nos ombros, faça um movimento trazendo os ombros para a frente e para trás, tencionando a região do colo e a parte superior das costas. Para cada movimento preste atenção por 8". Depois disso, solte, relaxe, amoleça, percebendo seus ombros completamente e profundamente relaxados, procurando deixar que essa sensação se irradie até os músculos das costas (15").

Sinta novamente sua face, boca, pescoço, garganta, ombros mais relaxados e soltos.

Passo 3: Peito, estômago e parte inferior das costas

Para relaxar essas áreas, procure inicialmente respirar com tranqüilidade, com facilidade, livremente. Se concentre no ar entrando e no ar saindo dos seus pulmões. Agora inspire pelo nariz e encha bem seus pulmões, prendendo a respiração por 8", percebendo a tensão e o desconforto. Agora expire, solte o ar livremente pela boca e relaxe respirando livremente, suavemente. Preste atenção no seu peito relaxado, livre da tensão experimentada (15").

Mais uma vez inspire pelo nariz enchendo os pulmões, agora expire, solte o ar dos pulmões e contraia sua musculatura estomacal para dentro. Force-a bem por 8". Agora solte, respirando livremente, soltando a musculatura abdominal, amolecendo e prestando atenção no conforto que o relaxamento traz (15"). Respire com tranqüilidade e calma, notando como é agradável respirar com calma, aproveite essa sensação.

Concentrando-se na sua coluna, arque suas costas estufando o peito e o abdome, fazendo com que a coluna fique bem contraída. Preste atenção na tensão ao longo de toda ela (8"). Depois disso, volte a uma posição natural, deixando sair toda a tensão, relaxando suas costas (15").

Tente manter o restante do seu corpo tão relaxado quando possível.

Passo 4: Pernas, coxas, pés e dedos do pé

Concentre-se na sua perna dominante até desencostar a coxa da cadeira, cama ou poltrona. Levante a perna e dobre os pés curvando-os para cima nos tornozelos. Force os dedos também para cima com bastante força. Sinta a tensão percorrer toda a sua perna, até a coxa. Fique assim por 8". Depois disso, relaxe, soltando os músculos, deixando a perna pousar livremente. Sua perna começará a pesar porque está livre da tensão. Os músculos estão frouxos e amolecidos, sua perna solta e pesada. Imagine que a tensão está saindo através dos dedos dos pés em forma de ondas (15"). Faça todo o procedimento para a outra perna também. No final preste atenção nas suas pernas pesadas e relaxadas, confortavelmente e profundamente.

Passo 5: Percepção de relaxamento global do corpo e da mente

Agora faça uma checagem de todo o seu corpo, como a que fez no início do relaxamento. Observe cada parte do corpo e perceba se ainda há tensão em algumas das partes. Caso perceba que há alguma área tensa, repita o movimento de contração e relaxamento nessa área.

Perceba o seu corpo pesado, amolecido e relaxado, agradavelmente relaxado, confortavelmente relaxado. Desde o couro cabeludo até os dedos do pé.

Note seu corpo relaxado, podendo sentir formigamento, peso, calor e outras sensações decorrentes do relaxamento profundo. Perceba que o relaxamento do seu corpo, traz uma calma emocional, um grande bem-estar, uma sensação de tranqüilidade de paz e segurança.

Preste atenção que nesse momento toda a sua ansiedade se esvaiu, todas as suas tensões se dissiparam, aproveite essa sensação.

Para relaxar ainda mais a sua mente, escolha uma cena de um local tranqüilo e relaxante para você. Procure imaginá-la. Pode ser uma praia tranqüila, um local no campo, você também pode imaginar que está flutuando numa nuvem, por exemplo. Fique ali imaginando que está nesse local por alguns minutos, enquanto relaxa profundamente. Agora autoverbalize a palavra "calma", ou outra de sua escolha, várias vezes enquanto está nesse estado de relaxamento profundo. Essa palavra ficará condicionada ao estado de relaxamento. Depois de bastante treino, só a palavra "calma", ou a que você escolheu, bastará para induzir o relaxamento.

Passo 6: Saindo do relaxamento profundo

Após alguns minutos relaxando no seu local imaginário, comece a contar até três e vá gradativamente voltando ao estado natural, mas agora estando calmo, tranqüilo, com uma sensação de paz que vai acompanhá-lo por algum tempo. Mexa os braços e as pernas, como se estivesse espreguiçando, abra os olhos se familiarizando com o ambiente. Fique assim por alguns segundos e procure levantar com calma.

Visualização

É uma técnica de relaxamento de origem mais mental, mas que também vai levar a um relaxamento físico. Trata-se de uma prática que vem sendo estudada por vários cientistas e tem se mostrado bastante poderosa. Estudos sobre os benefícios da visualização em doenças, especialmente o câncer têm sido realizados. Primeiramente, é importante que a pessoa exercite sua capacidade de visualização para que esta possa ser realizada com efetividade.

Preparação para a técnica da visualização:

Passo 1: Comece afrouxando suas roupas, ficando numa posição confortável e fechando seus olhos. Não deixe que algum incômodo físico atrapalhe e impeça seu momento de relaxamento.

Passo 2: Cheque todo o seu corpo, verificando as tensões e procurando soltar e relaxar os músculos.

Passo 3: Procure formar uma imagem em que todos os seus sentidos sejam contemplados. Por exemplo, imagine uma maçã, sinta o cheiro da maçã, concentre-se nela. Agora imagine sua forma arredondada e a cor avermelhada, sinta-se segurando a maçã, prestando atenção na textura da fruta. Imagine-se mordendo a maçã e escute o barulho da mordida. Dessa forma você estará exercitando sua capacidade de visualização. Faça o exercício para outros estímulos, como estando numa floresta, numa praia, procurando experimentar todos os seus sentidos: olfato, visão, audição, tato e paladar.

Passo 4: Use afirmações positivas. Como por exemplo: "Eu posso relaxar". "Eu estou em paz" etc.

Passo 5: Pratique a visualização pelo menos duas vezes por dia. Essa prática vai levá-lo ao domínio da técnica, de modo que poderá usá-la em momentos de tensão.

Usando a técnica para relaxar:

A visualização pode ser usada de várias formas, dentre essas, autores têm estudado a prática da visualização associada ao relaxamento dos olhos. Nessa técnica a pessoa coloca as mãos sobre os olhos, sem pressionar demais, mas procurando impedir qualquer luminosidade. Após isso feito, deve procurar ver a cor preta, concentrando-se nessa cor. Se necessário pode imaginar um objeto preto para facilitar. Deve ficar assim uns dois minutos apenas se concentrando na cor preta. Agora lentamente, gradualmente, a pessoa deve abrir os olhos e as mãos, deixando os olhos se acostumarem aos poucos com a luminosidade. Deve-se prestar atenção no relaxamento dos músculos que controlam o abrir e o fechar dos olhos.

Outra forma de visualização usada para relaxar é usar imagens que representem tensão e imagens que representem relaxamento logo após. Devem-se explorar todos os sentidos nessa técnica. Por exemplo, a pessoa pode imaginar uma luz ofuscante que vai se esvaecendo aos poucos, até ficar confortável aos olhos. Pode imaginar um cheiro desagradável que vai se transformando em um cheiro agradável gradativamente. Um barulho agudo e desconfortável como uma sirene se transformando numa música suave. Estar tocando uma superfície rugosa que esteja irritando a pele de sua mão e que aos poucos vai se transformando em uma textura suave e agradável.

A música também pode ajudar muito no relaxamento por visualização. A pessoa deve sentar ou deitar confortavelmente e colocar para tocar uma música que a relaxe. Deve a seguir fazer uma checagem de todo o seu corpo, procurando verificar locais de tensão e de relaxamento. Deve descartar os pensamentos intrusivos e focar sua atenção na música, que deve tocar por pelo menos meia-hora sem interrupção. Auto-afirmações como a palavra "calma", "relaxe" podem se usadas enquanto se escuta a música. No final, a pessoa deve fazer nova checagem de todo o corpo para ver a diferença em relação ao estado inicial, procurando valorizar o relaxamento decorrente. Com o tempo só de ouvir a música, todo o corpo e a mente relaxará como decorrência de um processo de condicionamento.

Outra possibilidade é imaginar que está num lugar, como uma praia ou no campo, e se concentrar em cada detalhe, procurando usar os sentidos, prestando atenção no cheiro, no tato, no visual, nos sons que escuta no local e procurando imaginar-se comendo uma fruta, por exemplo, ou tomando um sorvete se no local estiver calor. Esse local pode passar a ser o seu "cantinho de relaxamento".

Respiração Profunda

A respiração profunda tem sido uma das técnicas mais usadas para atingir um estado de relaxamento. É uma técnica bastante poderosa, que pode ser usada individualmente ou junto a outras técnicas de relaxamento, como as até aqui citadas. A respiração tem duas funções, através dela ocorre a oxigenação das células e a eliminação do gás carbônico. A inspiração, responsável pela entrada do ar nos pulmões, ocorre devido à contração da musculatura do diafragma e dos músculos intercostais. Já a expiração, responsável pela saída de ar dos pulmões, ocorre devido ao relaxamento dos mesmos músculos. Hábitos respiratórios inapropriados podem trazer desequilíbrio nas trocas entre o oxigênio e o gás carbônico e, assim, trazer uma série de prejuízos para a saúde, incluindo sintomas físicos como fadiga, tensão muscular e dores de cabeça, assim como sintomas psicológicos como ansiedade, ataques de pânico e depressão.

A respiração pode ser torácica ou diafragmática. A primeira está freqüentemente associada ao stress e à ansiedade, sendo superficial e irregular. Esse tipo de respiração gera uma pobre oxigenação do sangue e, com isso, aumento da taxa cardíaca e da tensão muscular. Já a respiração diafragmática, também chamada abdominal, envolve uma oxigenação adequada, ocorrendo contração do diafragma na inspiração e relaxamento do mesmo na expiração. Esse tipo de respiração está associado a estados de relaxamento. Tanto que tem sido uma técnica das mais usadas para tratar, junto a outros procedimentos, transtornos de ansiedade. Abaixo seguem instruções para a técnica.

Percebendo seu modo de respirar

Passo 1: De olhos fechados, coloque a mão direita sobre o peito e a mão esquerda sobre o abdome. Respire sem se preocupar com o modo como está respirando, apenas procurando verificar qual a mão que está se mexendo mais.

Passo 2: Caso perceba que é a mão direita a que mexe mais, você está tendo um modo de respiração torácica. Há, portanto, necessidade de desenvolver a respiração diafragmática ou abdominal.

Exercitando a respiração diafragmática ou abdominal

Coloque um livro, não muito grosso, sobre o abdome, na direção da cintura, e inspire pelo nariz, procurando levantar o livro. Expire pela boca, fazendo o livro descer. Faça isso algumas vezes, depois tire o livro e verifique se já consegue fazer isso mais naturalmente.

Realizando a respiração profunda

Passo 1: Deite ou sente confortavelmente. Faça uma checagem para verificar as áreas tensas ou relaxadas do seu corpo e coloque a mão direita sobre o peito e a esquerda sobre o abdome.

Passo 2: Inspire profundamente pelo nariz, procurando empurrar o ar para a base dos pulmões, de modo que sua mão esquerda se eleve. A mão direita, sobre o peito, deverá se mover somente um pouco. Faça essa inspiração contando até (5").

Passo 3: Solte o ar pela boca, lentamente, contando até (10") e perceba sua mão direita que está sobre o abdome, descendo lentamente.

Passo 4: Faça o exercício por 5 minutos. Repita por duas ou três vezes por dia e vá aumentando gradativamente até alcançar 10 minutos por vez.

Passo 5: Cada sessão de respiração profunda faça sempre primeiro a checagem das áreas tensas e relaxadas do corpo e, após o exercício, cheque novamente. Perceba a diferença antes e depois da respiração profunda.

A técnica da respiração profunda pode ser usada sempre que a pessoa se sentir tensa ou estressada, no entanto, para que tenha maior efetividade, deverá ter havido um treinamento para que na hora da tensão haja domínio sobre ela.

As técnicas de relaxamento se constituem em importantes instrumentos para o controle do stress, devendo ser exercitadas para melhor aproveitamento das mesmas. São técnicas poderosas que, somadas aos outros pilares de controle do stress citados nesse livro (exercício físico, alimentação anti-stress e estabilidade emocional), podem contribuir para uma melhor qualidade de vida do indivíduo, ajudando a tratar o stress excessivo já instalado ou ajudar a preveni-lo.

Para finalizar

REVENDO ALGUNS PONTOS APONTADOS neste livro, fica claro que para se prevenir o stress ou evitar que ele atinja níveis comprometedores, é importante, em primeiro lugar, saber reconhecer seus primeiros sinais tanto no corpo como na mente. Há pessoas tão habituadas a viverem estressadas que não sabem o que é estar relaxadas, em estado normal de homeostase, ou seja não sabem reconhecer o que é estar bem. Por esta razão, antes de se conhecer as técnicas de enfrentamento mais sofisticadas, deve-se entender todo o fenômeno do stress.

O stress emocional, que pode atingir a qualquer pessoa, é uma reação global do organismo, com componentes físicos, psicológicos, mentais e hormonais, que ocorre quando a pessoa necessita fazer uma adaptação significativa no seu modo de viver, de sentir e de ver o mundo. Ele se desenvolve em etapas e seus sintomas vão depender da seriedade e da fase em que a pessoa se encontra. Não existe invulnerabilidade ao stress porém existe resiliência, ou resistência ao mesmo que pode ser desenvolvida durante a vida. O corpo fala, aprenda a reconhecer a linguagem do seu corpo e se tiver stress não se angustie, há tratamentos especializados para isto que podem ajudá-lo a se recuperar e a não mais ter stress excessivo.

Na seqüência de como gerenciar o stress, entra-se, então, na utilização das estratégias de enfrentamento, que se constituem, de preferência, em métodos direcionados para a resolução de problemas. É preciso não se deter por tempo excessivo nas emoções geradas pelo estressor, mas deve-se tentar achar um meio de com ele lidar, após naturalmente ter reconhecido e elaborado as emoções por ele geradas. A pessoa não deve simplesmente passar por cima de suas emoções. É preciso reconhecê-las, tentar lidar com elas. Porém, este estágio não deve durar muito, após um período de aceitar suas próprias emoções, é importante prosseguir na busca de uma solução para o estressor presente e não ficar estagnado sofrendo sem procurar solucionar o problema.

Para buscar a solução do problema, o primeiro passo é analisar as suas cognições, ou seja o seu modo de pensar e ver o estressor. Situações estressantes, como coisas demais para fazer em um período muito curto, conflitos interpessoais, dificuldades do dia a dia, podem se tornar ainda mais estressantes devido ao nosso modo de pensar. Uma vez que você tenha identificado as suas cognições estressantes e perturbadoras, é a hora de questionar a validade das mesmas. Tente sistematicamente substituir suas cognições ilógicas, estressantes, por idéias mais produtivas, lógicas e que reflitam, de fato, o que ocorre. Para tal é, às vezes, necessário, todo dia passar alguns minutos analisando o seu modo de pensar para poder identificar o stress autoproduzido. Se não conseguir sozinho mudar os pensamentos geradores de stress, procure um psicólogo que seja especialista no tratamento cognitivo comportamental do stress, que é a abordagem mais eficaz para casos em que o modo de pensar é uma fonte de ansiedade, depressão e problemas interpessoais.

Uma outra maneira de aliviar o stress é conversar com colegas de trabalho sobre o que o está estressando. As pesquisas realizadas tanto no Brasil como na Inglaterra, Estados Unidos, Alemanha e Suíça mostram que o apoio social é um dos fatores que mais atenuam o stress.

Para sintetizar o que foi discutido neste livro o Quadro 28 sintetiza os passos do manejo do stress que têm sido úteis para muitas pessoas. São 21 passos para o manejo do stress. Tente elaborar você mesmo um plano pessoal para controlar o seu stress do dia a dia.

QUADRO 28. Os 21 passos do manejo do stress

Estratégias educativas

1. Saber o que é o stress
2. Saber reconhecer os sintomas do stress no corpo, na mente e nas relações interpessoais
3. Identificar as fontes externas de stress
4. Identificar os estressores internos (a fábrica particular de stress de cada um)

Estratégias situacionais

5. Tentar eliminar os estressores possíveis de serem eliminados
6. Aceitar os estressores inevitáveis
7. Reinterpretar os estressores inevitáveis, ou seja, ver o lado positivo de cada estressor essencial em sua vida

Estratégias de enfrentamento de efeito duradouro

8. Aprender a reconhecer seus limites
9. Aprender a respeitar seus limites
10. Tomar uma atitude ativa frente a vida
11. Usar estratégias de enfrentamento do stress, concentrando na busca de soluções e não nas emoções geradas pelos estressores
12. Usar técnicas de resolução de problemas
13. Assumir a responsabilidade pela sua vida
14. Aprender a dizer "não"
15. Utilizar o apoio de colegas no ambiente de trabalho
16. Lembrar que nada ruim dura para sempre

Estratégias de enfrentamento para atenuar os sintomas

17. Rir, brincar, fantasiar, usar o senso de humor
18. Tirar férias mentais, isto é, se desligar dos problemas por alguns minutos durante o dia
19. Usar técnicas de relaxamento
20. Utilizar alimentos anti-stress (verduras, legumes, frutas)
21. Praticar alguma atividade física

Finalizando é impossível eliminar o stress de nossas vidas: ele existe em todos. Podemos, porém, evitar que se torne excessivo através de algumas medidas que incluem uma mudança na nossa atitude perante os eventos corriqueiros e inesperados da vida, um regime alimentar anti-stress exercícios físicos e de relaxamento.

Leia mais sobre o stress

- LIPP, M.E.N. (org.) **O Stress está dentro de você**. São Paulo: Contexto, 2000.
- LIPP, M.E.N. **O Stress e a Beleza da Mulher**. São Paulo: Conection Books, 2001.
- LIPP, M.E.N. (org.) **O Stress do Professor**. Campinas: Papirus, 2003.
- LIPP, M.E.N. (org.) **Mecanismos Neuropsicofisiológicos do Stress. Teoria e Aplicações Clínicas.** São Paulo: Casa do Psicólogo, 2003.
- LIPP, M.E.N. (org.). **O Stress no Brasil: Pesquisas Avançadas**. Campinas: Papirus, 2004.
- LIPP, M.E.N. (org.). **Stress e o Turbilhão da Raiva.** São Paulo: Casa do Psicólogo, 2005.
- LIPP, M.E.N. (org.). **Crianças Estressadas: Causas, problemas e soluções.** Campinas: Papirus, 4ª. edição, 2005.
- LIPP, M.E.N. (org.) **Relaxamento para todos. Controle o seu stress.** Campinas: Papirius, 6ª. ed., 2005.
- LIPP, M.E.N. e MALAGRIS, L.E.N. **Conhecer e Enfrentar o Stress**. São Paulo: Contexto, 1996.

Impresso nas oficinas da
SERMOGRAF - ARTES GRÁFICAS E EDITORA LTDA.
Rua São Sebastião, 199 - Petrópolis - RJ
Tel.: (24)2237-3769